"
토저의 글을 읽을 때는
마치 사막에서 오아시스를 만난 기분이다.
제임스 패커

토저의 글은 거침없다.
그는 온갖 종류의 영적 허세를 낱낱이 발가벗긴다.
찰스 콜슨

토저의 책을 읽는 것은
하나님의 마음을 향해 가는 경이로운 여행이다.
찰스 스탠리

본질을 잃고 껍데기만 남아 가는 기독교에
토저는 하나님의 사람들을 불러 세우는 글을 남겼다.
제임스 몽고메리 보이스

"

하나님이 원하시는
진짜 예배자

Whatever Happenned to Worship?
by A. W. Tozer

Copyright ⓒ 1985 by The Moody Bible Institute of Chicago.
This book was first published in the United States by Moody Publishers,
820 N. LaSalle Blvd., Chicago, IL 60610 with the title
Whatever Happenned to Worship?
All rights reserved.

Korean edition ⓒ 1998, 2005, 2025 by Word of Life Press, Seoul, Korea.
Translated and published by permission.

하나님이 원하시는 진짜 예배자(뉴에디션)

ⓒ 생명의말씀사 1998, 2005, 2025

1998년 2월 25일 1판 1쇄 발행
2004년 8월 25일　　 7쇄 발행
2005년 12월 30일 2판 1쇄 발행
2022년 1월 17일　　 14쇄 발행
2025년 12월 17일 3판 1쇄 발행 (뉴에디션)

펴낸이 l 김창영
펴낸곳 l 생명의말씀사

등록 l 1962. 1. 10. No.300-1962-1
주소 l 서울시 종로구 경희궁1길 6 (03176)
전화 l 02)738-6555(본사)·02)3159-7979(영업)
팩스 l 02)739-3824(본사)·080-022-8585(영업)

기획편집 l 유영란, 정재림
디자인 l 김혜진
인쇄 l 영진문원
제본 l 보경문화사

ISBN 978-89-04-16943-6 (04230)
ISBN 978-89-04-70122-3 (세트)

저작권자의 허락 없이 이 책의 일부 또는 전체를
무단 복제, 전재, 발췌하면 저작권법에 의해 처벌을 받습니다.

토저 대표작 뉴에디션

하나님이
원하시는
진짜 예배자

감정이 아닌
예수님을 만족시키는
예배의 본질에 대하여

서문

1963년 에이든 토저 박사가 작고하기 전에, "하나님께 열납될 만한 예배, 그것이 지금 복음주의 기독교가 잃어버린 가장 귀한 보석이다"라는 말을 한 적이 있습니다. 그가 꼭 쓰고 싶어 하던 책도 바로 그리스도인의 예배 자세에 관한 책이었습니다.

1962년에는 자신이 시무하던 토론토의 교회(Avenue Road Church)에서 "예배, 인간의 궁극적인 목적"이라는 주제로 시리즈 형식의 설교를 한 적이 있습니다. 토저는 그중 한 설교에서 다음과 같이 말했습니다.

> 주님의 재림이 가까워 오고 있습니다. 저는 이 사실을 항상 염두에 두고 설교하려 애씁니다. 글을 쓸 때도 항상 이 가능성을 염두에 둡니다.
> 저는 예배에 관한 책을 한 권 더 쓰고 싶습니다. 하지만 제가 그 책을 쓰지 못하게 된다 해도 상관없습니다. 그 책을

쓰는 것보다 예수 그리스도의 재림을 맞이하는 편이 더 좋으니까요.

누군가 존 웨슬리(John Wesley)에게 그리스도께서 오늘 밤에 오신다면 어떻게 하겠느냐는 질문을 던졌다는 글을 읽은 적이 있습니다. 웨슬리는 즉시 "그래도 제 계획 중 무엇 하나 바뀌지 않을 것입니다"라고 답변했다고 합니다.

1세기 전 설교들이지만 지금 우리 시대에도 여전히 필요한 주제입니다. 아니, 오히려 당시보다 더 절박한 호소력을 갖고 있습니다. 본서에 실린 글은 토저 박사 특유의 메시지로, 저희는 그의 메시지를 수집하고 편찬하는 과정에서 토저 박사의 관심사가 이 설교를 했을 당시인 1962년보다 더 분명히 드러나도록 각별히 주의를 기울였습니다.

_ 제럴드 스미스(Gerald B. Smith)

CONTENTS

서문 —— 4

01	우리는 예배자로 부름받았습니다	11
02	예배자는 하나님을 진정으로 압니다	33
03	예배자는 가짜 예배를 경계해야 합니다	53
04	예배자의 존재 목적은 '예배'입니다	71
05	예배의 대상은 오직 하나님뿐입니다	87
06	진짜 예배자는 하나님을 경외합니다	105
07	진짜 예배자는 감정으로도 경배합니다	123
08	예배를 상실한 교회는 실패합니다	143
09	진짜 그리스도인은 '예배자'입니다	161
10	진짜 예배자는 모든 삶과 생각을 드립니다	181

요한계시록 3장 15-22절

내가 네 행위를 아노니 네가 차지도 아니하고 뜨겁지도 아니하도다

네가 차든지 뜨겁든지 하기를 원하노라

네가 이같이 미지근하여 뜨겁지도 아니하고 차지도 아니하니

내 입에서 너를 토하여 버리리라

네가 말하기를 나는 부자라 부요하여 부족한 것이 없다 하나

네 곤고한 것과 가련한 것과 가난한 것과 눈 먼 것과 벌거벗은 것을 알지 못하는도다

내가 너를 권하노니 내게서 불로 연단한 금을 사서 부요하게 하고

흰 옷을 사서 입어 벌거벗은 수치를 보이지 않게 하고

안약을 사서 눈에 발라 보게 하라

무릇 내가 사랑하는 자를 책망하여 징계하노니

그러므로 네가 열심을 내라 회개하라

볼지어다 내가 문 밖에 서서 두드리노니 누구든지 내 음성을 듣고 문을 열면

내가 그에게로 들어가 그와 더불어 먹고 그는 나와 더불어 먹으리라

이기는 그에게는 내가 내 보좌에 함께 앉게 하여 주기를

내가 이기고 아버지 보좌에 함께 앉은 것과 같이 하리라

귀 있는 자는 성령이 교회들에게 하시는 말씀을 들을지어다

WHATEVER HAPPENED TO WORSHIP?

01

우리는 예배자로
부름받았습니다

A. W. TOZER

교회는 이미 오래전부터 예언된 위험한 시대에 있습니다. 지금은 우리가 서로 등을 토닥거리며 "우리는 부자라 부요하여 부족한 것이 없다"라고 자축할 때가 아닙니다. 오늘날 우리 교회들은 거의 모든 것을 갖추었지만 가장 중요한 것은 빠뜨리고 있습니다. 우리는 주 예수 그리스도의 아버지 되신 하나님께 우리 자신과 우리의 예배를 거룩한 산 제물로 드리지 못합니다.

요한계시록을 보면 주님은 라오디게아 교회 사자에게 다음과 같이 책망하며 호소하고 계십니다.

> "네가 말하기를 나는 부자라 부요하여 부족한 것이 없다 하나
> … 무릇 내가 사랑하는 자를 책망하여 징계하노니
> 그러므로 네가 열심을 내라 회개하라"(계 3:17, 19).

저는 현재, 복음주의적이고 성경을 하나님의 말씀으로 믿으며 그리스도를 공경하는 교회에 저의 충성과 책임을 다하고 있

으며 앞으로도 항상 그럴 것입니다. 우리는 그동안 급속히 발전하여 큰 교회들을 짓고 교인들도 많아졌습니다. 우리는 우리의 수준이 높아졌다고 자랑하며 부흥에 대해서도 많이 이야기하고 있습니다.

그러나 저는 이렇게 질문하고 싶습니다. "우리가 드리는 예배는 과연 어떠한가?" 이 질문에 대해 많은 사람은 "우리는 부자라 부요하여 부족한 것이 없다. 그것이 곧 하나님의 축복을 의미하지 않겠는가?"라고 대답할지도 모릅니다.

여러분은 20세기 실존주의 철학자 장 폴 사르트르(Jean Paul Sartre)가 자신이 철학과 절망으로 돌아선 일을 세속적인 교회로부터의 이탈이라고 묘사한 사실을 알고 있습니까? 그는 이렇게 말했습니다. "요즈음 교회가 가르치는 하나님 속에는 내 영혼을 기다려 주는 하나님이 계시지 않습니다. 나는 창조주를 필요로 하는데, 그들은 내게 거대한 조직체를 운영하는 실업가를 소개해 주었을 뿐입니다!"

우리 중에는 우리가 주변 공동체나 지역 사회에 어떤 이미지를 보여 주고 있는지 아주 조금이라도 신경 쓰는 사람이 한 사람도 없는 것 같습니다. 적어도 우리가 예수 그리스도께 속해 있다고 고백은 하지만 실제로 그분의 사랑과 자비를 나타내지 못할 때 말입니다.

근본주의자요 '정통' 그리스도인인 우리는 그동안 진리를 위해 용감히 싸우는 투사라는 뜻에서 '호랑이'라는 명성을 얻었습니다. 우리의 양손에는 자유주의자를 때려눕힐 때 사용했던 격투용 무기들 때문에 굳은살이 잔뜩 박여 있습니다. 물론 우리가 믿는 기독교 신앙만이 잃어버린 바 된 이 세상을 구원할 수 있습니다. 그래서 우리는 그 진리를 옹호해야 할 의무가 있으며 필요할 때는 그 신앙을 위해 싸우기도 해야 합니다.

그러나 싸우는 것보다 더 나은 길이 있습니다. 자유주의 신앙을 가진 사람과 대면할 때도 마찬가지입니다. 격투용 무기로 그들의 머리를 한 방 날리는 것보다 오히려 진짜 그리스도같이 될 때 훨씬 더 많은 일을 할 수 있습니다.

자유주의자들은 성경을 믿지 못하겠다고 말합니다. 물론 예수 그리스도께서 하나님의 독생자라는 사실도 믿지 못하겠다고 말합니다. 적어도 그들은 이 점에 대해서는 아주 정직합니다. 게다가 우리가 그들을 정죄한다고 해서 그들이 무릎을 꿇는 것도 분명히 아닙니다.

우리가 성령님의 인도를 받는다면, 하나님의 사랑을 필요로 하는 이 세상에 우리가 그 사랑을 나타낼 수 있다면, 우리는 틀림없이 '사람을 끄는 매력적인 성도'가 될 것입니다.

한 가지 신기하고 흥미로운 점은 정말 사랑이 많고 매력적인 성도들은 자신이 그런 사람인지 모르고 있다는 사실입니다. 지나간 시대의 위대한 성도들도 자신이 그처럼 위대한 성도인 줄 몰랐습니다. 설사 누가 그들을 위대한 성도라 말했다 해도, 그들은 아마 그 말을 믿지 않았을 것입니다. 하지만 주변에 있던 사람들은 그들 안에서 살아 계신 예수님을 보았습니다.

이처럼 사람들을 끄는 매력적인 성도는 그리스도 안에 나타나 있는 하나님의 목적을 자신의 삶에서 분명하게 드러내게 됩니다. 하나님은 우리를 예배하는 자로 지으셨습니다. 그 목적을 따라 우리가 하나님을 스스로 계신 분인 여호와로 예배드리기 시작할 때, 우리도 예수님의 모습을 드러내는 성도의 반열에 끼게 됩니다.

가끔씩 보면 복음주의 그리스도인은 하나님이 어떤 분이신지 창조와 구속에 나타난 하나님의 목적이 무엇인지 잘 모르고 있는 것 같습니다.

그 점에 대해서는 우선 설교자들에게 책임이 있습니다. 왜냐하면 아직도 어떤 설교자와 교사는 마치 그리스도께서 우리가 술을 마시지 않고 담배를 피우지 않고 극장에 가지 않게 하려고 죽으신 것처럼 가르치기 때문입니다. 그렇게 가르치니 사람들이 혼동을 일으킬 수밖에요! 구원의 이유를 그렇게 알고 있으니 사람들이 자꾸 패역한 습관에 빠져드는 것도 무리가 아닙니다!

예수님이 동정녀를 통해 태어나시고, 본디오 빌라도에게 고난을 받으시고, 십자가에 못 박히신 후 무덤에서 다시 살아나신 것은 바로 반역자를 예배자로 만들기 위해서입니다! 그분은 이 모든 일을 은혜로 행하셨고 우리는 단순히 그 은혜의 혜택을 받는 사람들입니다. 이 말이 별로 극적으로 들리지 않는다 해도 아무튼 이것이 하나님의 계시이며 하나님의 방법입니다.

하나님에 대해 우리가 잘못 생각하는 것이 또 하나 있습니다. 너무 많은 사람이 하나님을 자선냄비 사업가 정도로 생각한다는 것입니다. 우리는 하나님을 충분한 기부금을 얻지 못해 실의에 빠진 분 정도로 생각합니다. 길가에 서서 사람들에게 예수 그리스도를 받아들이고 그분의 일을 시작하라고 소리치는 분 정도로 생각하는 것입니다.

아, 만일 우리가 하나님이 어떤 분이신지 기억할 수만 있다면! 하나님은 사실 우리 중 누구도, 단 한 사람도 필요로 하신 적이 없습니다.

그런데 우리는 마치 우리가 하나님께 꼭 필요한 사람이라도 되는 것처럼 거드름을 피우며 "주를 위해 일하겠습니다"라고 말하며 그게 무슨 대단한 일이나 되는 양 생각합니다.

우리는 모두 기꺼이 주를 위해 일해야만 합니다. 그러나 어디까지나 이 일도 하나님 쪽에서 우리에게 베푸시는 은혜입니다. 저는, 우리가 하나님을 예배하는 의미와 즐거움을 알게 될 때까지는 하나님을 위해 일하는 것에 관심을 갖지 말아야 한다고 생각합니다.

예배자는 하나님의 일을 할 때도 영원토록 없어지지 않을 그런 일을 합니다. 그러나 하나님을 예배하지 않는 일꾼은 하나님이 세상을 불로 심판하실 때를 대비해 장작과 건초더미를 쌓아 올리고 있을 뿐입니다.

자기들의 '바쁜 스케줄'에 대해 이런 식으로 말하면 기분이 좋지 않을 자칭 그리스도인이 많겠지만 사실을 직시하십시오! 하나님은 우리를 돌이켜 그분이 우리를 창조하신 목적, 곧 하나님을 예배하며 그분을 영원히 즐거워하며 살게 하기 위해 애쓰고 계십니다! 그렇다면 그분의 일을 하는 것은 바로 우리가 하나님을 간절히 예배하는 자로 나오는 것입니다.

저는 어느 대학 학장이 지금 교회는 "아마추어 정신이 너무 판을 치는 바람에 고통당하고 있다"라고 한 말을 들은 적이 있습니다.

훈련도 받지 않고 준비한 것도 없이 갑작스럽게 영적으로 의미 없는 공허한 소리를 떠들어대는 사람이 있습니다. 그런데 그것을 무슨 기독교적이라도 된다는 양 추종하는 사람이 많습니다. 나중에 보면 그 사람은 애초에 하나님께 아무것도 듣지 못했다고 분명히 드러나는 경우가 있습니다.

이런 일은 우리 주변 어디에서나 볼 수 있습니다. 그 이유를 아십니까? 우리가 하나님을 진정으로 예배하지 않기 때문입니다. 만일 우리가 진정한 예배자라면, 우리는 육적이거나 세상적인 종교 프로젝트 따위에 시간을 낭비하지 않습니다.

성경의 모든 예를 보십시오. 기쁘고 경건하게 드리는 헌신적인 예배는 도덕성을 지닌 인격체가 자연스럽게 행하는 일입니다. 성경을 통해 우리에게 비춰진 천국과 하나님의 피조물을 보면, 그들은 항상 하나님이 스스로 계신 여호와라는 이유로 그분을 예배하고 즐거워하며 찬양하고 있습니다.

요한계시록 4장 10-11절은 하나님 보좌에 둘러선 피조물의 모습을 보여 줍니다. 거기서 사도 요한은 장로들이 하는 일을 다음과 같이 말하고 있습니다.

"이십사 장로들이 보좌에 앉으신 이 앞에 엎드려
세세토록 살아 계시는 이에게 경배하고
자기의 관을 보좌 앞에 드리며 이르되
우리 주 하나님이여 영광과 존귀와 권능을 받으시는 것이
합당하오니 주께서 만물을 지으신지라
만물이 주의 뜻대로 있었고 또 지으심을 받았나이다 하더라."

하나님의 말씀에 계시된 모든 권위에 근거해 볼 때 이 땅에서 드리는 예배가 지루하고 싫증 나는 사람은 아직 천국에 갈 준비가 되지 않은 사람입니다.

이렇게 말하면 다음과 같이 반박할 사람도 있을 것입니다. "목사님은 지금 칭의에 대한 교리를 없애려는 것입니까? 우리는

믿음으로 말미암아 의롭게 되고 구원받아 천국에 간다고 배웠는데요?"

제가 이 자리에서 여러분에게 분명히 말씀드립니다. 아마 마르틴 루터(Martin Luther)도 믿음으로 말미암아 의롭게 된다는 진리를 저보다 더 강하게 믿지 않았을 것입니다. 저는 우리가 믿음으로 말미암아 의롭게 된다는 사실을 믿습니다. 우리가 하나님의 아들을 주요, 구세주로 믿을 때 구원받는다는 사실을 믿습니다. 그런데 요즈음은 구원받는 것을 자동식으로 생각하는 치명적인 현상이 나타나고 있어 여간 괴로운 게 아닙니다.

여기서 '자동식'이라는 말은 이런 뜻입니다. 인도자가 "동전 넣는 구멍에 백 원짜리 신앙을 넣고 손잡이를 잡아당겨라. 그러면 구원이라는 자그마한 카드가 나올 것이다. 그것을 지갑에 집어넣고 가라!" 하고 말하면, "예, 저는 구원받았습니다"라고 답하는 것입니다. 그는 자기가 구원받았다는 사실을 어떻게 알까요? "어떻게 아느냐고요? 저는 백 원짜리 신앙을 집어넣고 예수 그리스도를 영접한 다음, 그 카드 뒷면에 서명했거든요."

좋습니다. 카드에 서명한다는 것 자체는 아무 잘못이 없습니다. 적어도 누가 구원에 대해 알아보려 했는지 아는 데 도움이 될 테니까요. 그렇지만 형제자매 여러분, 우리가 하나님께 나아오고, 신앙을 가지며, 구원을 받는 이유는 모두 다 하나님을 예배하고 경배하기 위한 것입니다. 우리는 자동적인 그리스도인, 쓸모없는 그리스도인, 문에 그리스도인이라는 명패만 달린 그리스도인이 되기 위해 하나님께 나아오는 것이 아닙니다.

하나님은 우리 개개인이 인격적으로 하나님과 활기찬 교제를 나누는 자녀가 되게 하시려고, 우리가 온 마음을 다해 그분을 사랑하며 거룩한 아름다움을 지니신 그분을 예배하는 자녀가 되게 하시려고 우리를 구원하셨습니다.

그렇다고 해서 우리 모두 다 똑같은 예배를 드려야 한다는 뜻은 아닙니다. 성령님은 어떤 사람의 선입견이나 공식에 의해 역사하시는 분이 아닙니다.

그러나 저는 다음과 같은 사실은 알고 있습니다. 즉 성령님이 우리에게 임하실 때, 우리는 하나님을 예배하는 자가 됩니다. 물론 이 사실을 용납하기 힘든 사람도 있습니다. 그러나 우리가 모든 은혜와 모든 사랑과 모든 자비와 모든 진리의 하나님 되신 여호와를 진정으로 예배하고 경외한다면, 우리는 다른 모든 사람의 마음에 들만큼 그렇게 조용히 있지 못할 수도 있습니다.

누가는 첫 번째 종려 주일에 수많은 군중이 다음과 같이 했다고 적고 있습니다.

> "이미 감람산 내리막길에 가까이 오시매 제자의 온 무리가
> 자기들이 본 바 모든 능한 일로 인하여 기뻐하며
> 큰 소리로 하나님을 찬양하여 이르되 찬송하리로다
> 주의 이름으로 오시는 왕이여 하늘에는 평화요
> 가장 높은 곳에는 영광이로다 하니
> 무리 중 어떤 바리새인들이 말하되
> 선생이여 당신의 제자들을 책망하소서 하거늘
> 대답하여 이르시되 내가 너희에게 말하노니
> 만일 이 사람들이 침묵하면
> 돌들이 소리 지르리라 하시니라"(눅 19:37-40).

여기서 다음 두 가지 사실만 지적하겠습니다.

첫째, 물론 소란을 떠는 것이 반드시 하나님을 예배한다는 뜻은 아니지만, 적어도 예배드리는 소리는 우리 귀에 들리는 경우가 자주 있습니다.

예수님이 자신을 메시아로 소개하며 예루살렘 성에 입성하셨을 때, 그곳에는 많은 군중이 있었으며 그들 가운데 대단한 소란이 있었습니다. 그때 주님을 찬양하며 노래했던 많은 사람은 틀림없이 한 번도 제 곡조에 맞춰 노래해 본 적이 없는 사람들이었을 것입니다. 어느 곳에서든 노래하는 사람들을 보면, 그중에는 음정이나 박자를 틀리게 부르는 사람이 끼어 있는 경우를 여러분도 경험하셨을 것입니다.

그러나 소란은 그들이 예배를 드리고 있음을 나타냅니다. 즉, 그들은 한목소리로 하나님을 찬양하는 것입니다.

둘째, 교회에서 어느 행복한 그리스도인이 "아멘!"이라고 외쳤다 합시다. 그때 만일 차분하고 냉정하며 교양 있게 차려입은 세련된 사람이 그것을 부끄러운 일이라 생각한다면, 저는 실은 바로 그 사람이 영적으로 무지하며 변화되어야 한다고 경고합니다. 오늘날까지 그리스도의 몸 된 교회 안에서 하나님을 예배하는 성도들은 좀 시끄러운 경우가 많았습니다.

혹시 6백 년 전 영국의 성도인 줄리언(Lady Julian)의 경건 서적을 읽어 보신 적 있습니까? 그 책을 보면 이런 내용의 글이 있습니다. 하루는 그녀가 예수님의 높고 고귀하심을 묵상하고 있었습니다. 그리고 그처럼 귀하신 예수님이 어떻게 이같이 미천한 인간의 하찮은 소원도 세심히 들어주실까를 생각하다가, 가슴 가득 차오르는 큰 복으로 인한 탄성을 도저히 억제할 수 없었다고 합니다. 그래서 자기도 모르게 그만 큰 소리로 하나님을 찬양하게 되었다고 합니다. 그녀가 그때 외친 라틴어를 번역하면 이런 뜻입니다. "하나님께 영광을!"

만일 이 글을 읽고 여러분의 마음이 불편하다면, 성령님이 하나님을 예배하는 성도에게 주기 위해 예비하신 영적인 축복과 즐거움을 모르고 있기 때문입니다.

혹시 누가가 바리새인에 대해 뭐라고 말했는지 알고 계십니까? 예수님이 예루살렘에 입성하실 때 제자들이 큰 소리로 하나님을 찬양하며 주의 이름으로 오시는 왕을 높였습니다. 이를 본 바리새인들이 예수님께 제자들을 책망하라고 하자, 예수님은 뭐라고 말씀하셨습니까?

바리새인의 종교 의식도 아마 "하나님께 영광을!"이라는 말을 속삭이는 정도는 허용했을 것입니다. 그러나 누군가가 이 말을 크게 외치면 아주 싫어했습니다. 예수님은 여기서 바리새인들에게 사실상 이렇게 말씀하신 것입니다. "그들은 지금 옳은 일을 하고 있다. 내 아버지 되신 하나님과 나와 성령님은 예배를 받으셔야 마땅하다. 만일 사람들이 나를 예배하지 않으면, 돌들이라도 큰 소리로 나를 찬양할 것이다!"

겉만 번지르르하게 종교적으로 꾸민 바리새인들이 돌들이 주님을 크게 찬양하는 소리를 들었다면 아마 그 자리에서 놀라 쓰러졌을지 모릅니다. 오늘날 우리는 큰 교회와 아름다운 본당을 보고 "우리에게 이젠 부족한 것이 없다"라고 입을 모아 말합니다. 그러나 이 모든 사실 이면에는 진정한 예배자가 부족하다는 현실이 여실히 드러납니다.

영적인 기쁨과 광채를 기뻐하려는 소원이 전혀 없을 뿐 아니라, 기도 모임에는 모습을 나타내지 않다가 교회 위원회 모임에는 기꺼이 나와 앉은 사람이 많습니다. 이런 사람들이 교회 예산이나 경비, 새로 지은 성전을 어떻게 장식할지 등을 결정하곤 합니다. 그들은 교회를 운영하는 사람일 뿐, 하나님을 예배하는 사람은 아니기에 기도회 같은 데는 절대 나오지 않습니다.

어쩌면 여러분은 제가 드리는 말씀이 별로 중요하다고 생각하지 않을지도 모릅니다. 그러나 그건 여러분이 그런 부류에 속하지 않기 때문에 그런 것입니다. 하나님께 기도도 하지 않고 예배도 드리지 않는 사람들, 그런데 그들이 실제로 많은 교회를 운영하고 있으며 궁극적으로 교회가 나아갈 방향을 결정하고 있다니, 이 얼마나 부당하고 모순된 일입니까?

여러분의 교회는 어떻습니까? 사실 많은 '훌륭한' 교회들이 기도는 여자들한테 맡기고 결정은 남자들이 하고 있지 않습니까?

우리가 바로 참된 예배자가 되지 못하고 있기 때문에, 교회에서 그저 자동차 바퀴나 굴리고 요란법석 어디론가 떠날 것처럼 소란은 많이 떨지만, 실상은 아무 데도 이르지 못한 채 많은 시간만 낭비하고 있습니다.

오, 사랑하는 형제자매여, 하나님은 하나님을 예배하라고 우리를 부르십니다! 그런데 우리는 극장만도 못한 이류 흥행업을 운영하며 오락을 즐기는 경우가 얼마나 많은지 모릅니다.

그것이 우리의 현주소입니다. 심지어 복음주의 교회조차 그 지경에 빠져 있습니다. 그러나 제가 분명히 말씀드리지만 우리의 전도 대상자들 대부분은 절대 촌스러운 장기자랑이나 하는 아마추어 배우를 보기 위해 교회에 오지 않을 것입니다. 말은 많은데 실천은 안 하며 바람만 불고 비는 내리지 않는 곳이 정치판 말고는 아마 교회밖에 없을 것입니다.

하나님이 이 아름답고도 경이로운 예배로 우리를 부르십니다. 그러니 어찌해야 하겠습니까? 저는 이 넓은 세상에 제가 할 수 있는 일이 아무리 많다 해도 그 무엇보다 하나님을 예배하는 것이 더욱 소중합니다.

제 서재에는 찬송가 앨범이 참 많습니다. 사실 저는 한 소절도 제대로 부르지 못하지만 아무래도 상관없습니다. 하나님은 저를 아주 훌륭한 오페라 가수로 생각하고 계시니까요! 제가 하나님께 영어로 번역된 옛 프랑스 찬송가와 라틴어 찬송가를 불러 드리면 하나님은 제가 부르는 그 찬송을 들으십니다. 하나님은 제가 운율에 맞춰 지어진 아름다운 시편에 곡조를 붙인 노래나 웨슬리 혹은 다른 사람들이 지은 좀 더 간단한 찬송가를 찬양할 때도 저의 찬송을 들으십니다.

제가 앞에서 다른 어떤 일을 하기보다 하나님을 더욱 예배하겠다고 말씀드렸는데, 이렇게 말하면 여러분은 혹시 "그럼 목사님은 하나님을 예배할 때면 다른 일은 하나도 못 하겠군요"라고 반문할지도 모르겠습니다. 그러나 그렇게 반문하신다면, 그것은 여러분이 예배하지 않았다는 사실만 드러낼 뿐입니다. 예배의 아름다움은 우리가 하나님을 위해 행해야 할 중요한 일들에

신경을 집중할 수 있도록 준비시켜 줍니다. 제 말을 잘 들어보십시오! 실제로 먼 옛날 초대 교회 시대로부터 지금까지 그리스도의 교회에서 이루어진 모든 위대한 일은 하나님을 기뻐 예배하며 활활 불타오른 사람들에 의해 이루어졌습니다.

교회사를 조사해 보면 하나님의 위대한 일꾼들은 하나님을 간절히 사모하며 예배한 자들이었다는 사실이 드러납니다. 우리가 그토록 즐겨 부르는 찬송가들을 지은 위대한 성도들은 신앙생활도 아주 적극적이었는데, 어떻게 그 모두를 해낼 수 있었는지 깜짝 놀랄 정도입니다.

지금 이 나라에 있는 큰 병원들은 대개 하나님을 예배하는 사람들의 가슴에서 태어나 지금처럼 성장했습니다. 하나님을 예배하고 이웃을 긍휼히 여기는 사람들의 마음에서 생겨난 것입니다. 지금까지 교회가 무기력한 잠에서 깨어나 부흥과 영적인 각성의 물결에 휩싸일 때면 어디서든지 항상 예배자들이 다시 일어나고 사람들이 교회로 돌아왔습니다.

단순히 뒤로 물러서서 "만일 우리가 예배에 전념하게 되면, 아무도 다른 일을 하지 못할 텐데"라고 말한다면, 그건 큰 실수를 범하는 것입니다.

오히려 그와 반대로, 우리가 예배드리라는 하나님의 부르심에 응해 자신을 기꺼이 드릴 때, 모든 사람이 현재 자신이 하는 일보다 더 많은 일을 하게 될 것이요, 그 예배로 인해 자신이 하는 일에 더 많은 중요성과 의미를 찾게 될 것입니다. 그래서 우리가 하는 일이 영원한 가치를 지니게 될 것입니다. 그것은 나무나 건초나 그루터기로 세워진 것이 아니라 금과 은과 아름다운 돌로 세워진 공력이 될 것입니다.

그런데 왜 우리가 하나님이 행하신 기이한 일에 대해 침묵하고 있어야 한단 말입니까? 우리는 아이작 왓츠(Isaac Watts)와 함께 그가 지은 다음과 같은 예배 찬송을 불러야 합니다.

오 나의 영혼아, 살아 계신 하나님을 송축하라
내 안에 있는 모든 능력이
온전히 하나님을 예배할 수 있도록
산만히 흩어진 너의 생각을 모두 집중시키라

오 나의 영혼아, 은혜로우신 하나님을 송축하라
하나님이 행하신 그 기이한 일이

침묵 속에서 잊혀지는 일이 없도록
그분의 은총을 높이 찬양하여라

온 땅이여 하나님의 능력을 고백하라
온 땅이여 하나님의 은혜를 찬양하라
유대인과 이방인아, 모두 모여
하나님의 일을 찬양하고 예배하라

여러분은 어떤 생각을 갖고 계신지 모르지만 저는 하나님을 예배하는 자들 가운데 있고 싶습니다. 저는 목사가 시동을 걸면 기계가 돌아가듯 운영되는 그런 큰 교회의 일원이 되고 싶지 않습니다. 여러분도 잘 아실 것입니다. 목사는 모든 사람을 사랑하고 모든 교인은 목사를 사랑해야 합니다. 목사는 그런 교회가 되도록 해야 하고 또 그것을 위해 헌신해야 합니다.

저는 우리가 다시 예배드릴 수 있기를 소원합니다. 그렇게만 된다면, 사람들은 교회에 들어올 때 자신이 거룩한 백성, 거룩한 하나님의 백성 가운데 있다는 사실을 즉시 감지하게 됩니다. 그리고 "이곳에 진리의 하나님이 계신다"라고 간증할 것입니다.

> **에베소서 2장 1-10절**

그는 허물과 죄로 죽었던 너희를 살리셨도다
그 때에 너희는 그 가운데서 행하여
이 세상 풍조를 따르고 공중의 권세 잡은 자를 따랐으니
곧 지금 불순종의 아들들 가운데서 역사하는 영이라
전에는 우리도 다 그 가운데서 우리 육체의 욕심을 따라 지내며
육체와 마음의 원하는 것을 하여 다른 이들과 같이 본질상 진노의 자녀이었더니
긍휼이 풍성하신 하나님이 우리를 사랑하신 그 큰 사랑을 인하여
허물로 죽은 우리를 그리스도와 함께 살리셨고 (너희는 은혜로 구원을 받은 것이라)
또 함께 일으키사 그리스도 예수 안에서 함께 하늘에 앉히시니
이는 그리스도 예수 안에서 우리에게 자비하심으로써
그 은혜의 지극히 풍성함을 오는 여러 세대에 나타내려 하심이라
너희는 그 은혜에 의하여 믿음으로 말미암아 구원을 받았으니
이것은 너희에게서 난 것이 아니요 하나님의 선물이라
행위에서 난 것이 아니니 이는 누구든지 자랑하지 못하게 함이라
우리는 그가 만드신 바라
그리스도 예수 안에서 선한 일을 위하여 지으심을 받은 자니
이 일은 하나님이 전에 예비하사
우리로 그 가운데서 행하게 하려 하심이니라

WHATEVER HAPPENED TO WORSHIP?

02
•

예배자는 하나님을
진정으로 압니다

A. W. TOZER

이 시대에는 하나님에 대한 별 이상한 견해가 많습니다. 진정한 예배의 대용물도 아주 많습니다. 저는 교회에서 누군가가 "나는 하나님에 대해 별로 아는 게 없는 것 같아"라고 하는 말을 종종 듣는데, 그게 사실이라면 그는 "나는 예배에 대해 별로 아는 게 없는 것 같아"라고 고백해야 정직한 것입니다.

실제로 그동안 우리가 하나님의 인격과 본질에 대해 기본적으로 믿었던 신념들이 얼마나 많이 변했는지 모릅니다. 그래서 지금 우리들 가운데는 예배의 진정한 의미를 한번 생각해 본다거나 그것에 대해 알고 싶어 하는 소원은 전혀 없이 그저 자기들이 하나님께로부터 받은 유익에 대해서만 자랑하려는 사람이 있을 정도입니다. 거룩하고 주권적인 하나님의 본질을 이처럼 극단적으로 오해하는 사람들에게 저는 즉시 다음과 같은 반대 의견을 내겠습니다.

첫째, 하나님이 가장 원하시지 않는 것이 바로 편협하고 세속적인 그리스도인이 그분에 대해 자랑하는 것입니다.

둘째, 하나님의 가장 큰 소원은 그분을 믿는 모든 자녀가 하나님 앞에서 영과 진리로 그분을 예배할 만큼 하나님을 사랑하고 존중하는 것입니다. 하지만 이 사실을 깨달은 사람이 별로 없어 보입니다.

진정한 예배는 이렇습니다.

예수 그리스도께서 마땅히 계셔야 할 자리에 앉으실 때 인간의 영혼 깊은 곳에서 신비하고 기적적인 삶의 변화가 일어납니다. 이것은 바로 하나님이 구원에 대한 계획을 펼치실 때 예상하셨던 일이기도 합니다. 하나님은 반역자를 예배자로 바꾸실 계획이었습니다. 하나님의 의도는 우리의 첫 번째 조상인 아담과 하와가 창조될 때 알았던 예배의 장소를 우리에게 회복시켜 주시는 것이었습니다.

만일 우리가 하나님의 복으로 우리의 삶에서 이런 일을 실제로 경험한다면, 우리는 틀림없이 '교회에 가서 예배드리기' 위해 그저 주일만 기다리고 있지 않을 것입니다. 하나님을 진정으로 예배한다는 것은 그 신자 안에 있는 일관된 자세 또는 마음 상태를 가리킵니다. 지속적으로 하나님에 대한 사랑과 경배를 끊임없이 시인하는 복된 인식입니다.

이제 사람들이 예배에 접근하는 일반적인 방식 중 부정적인 면에 대해 말해 보겠습니다. 교회에서는 마치 예배를 우리가 행하는 어떤 형식인 양 말하고 또 실제로 그렇게 행하고 있지만, 사실 하나님에 대한 진정한 예배는 종교적으로 보이기 위해서 '행하는' 무엇이 아닙니다.

단순히 '종교에 민감한' 사람들 축에 끼는 것이 가장 큰 소원인 사람은 주일에 한 번씩 '예배 시간'에 충실히 참석하기를 대단히 강조합니다. 저는 지금 하나님과 하나님의 구속받은 자녀 사이에 이루어지는 친교의 실체를 검토해 보자는 것입니다. 성경은 과연 이 점에 대해 뭐라고 말씀하고 있을까요?

하나님의 형상으로 창조된 우리 안에는 하나님을 아는 능력과 하나님을 예배하는 본능이 있습니다. 그래서 중생할 때, 즉 하나님의 영이 그분의 생명을 주셔서 우리를 소생시키시는 바로 그 순간에, 우리의 모든 존재가 하나님과 우리의 가까운 관계를 깨닫고 기뻐 뛰게 됩니다! 우리 존재 안에서 일어나는 즉각적인 반응, 용서와 사면과 중생에 대한 그 자연스러운 기쁨이 곧 우리가 천국 백성으로 새로 태어난 기적을 말해 줍니다. 물론 하나님 나라는 보지 못한 상태이지만요.

그렇습니다. 하나님은 우리의 마음과 의지와 감정을 통해 우리와 대화하기 원하시며 또 이를 기뻐하십니다. 하나님께 구속받은 자녀의 영혼이 그분과 자연스럽게 서로의 사랑과 생각을 계속 나누는 것, 이것이 바로 신약에 나타난 기독교의 감동적인 핵심입니다.

사실 성령님의 주요 사역은 잃어버린 영혼이 하나님과 친밀한 교제를 나눌 수 있도록 중생의 씻음을 통해 회복시키시는 것입니다. 이 사실을 고백하지 않고는 이 새로운 관계를 기대할 수 없습니다.

이 일을 완수하기 위해 성령님은 그리스도를 우리에게 계시하셔서 우리 심령으로 회개하게 하십니다.

> "그러므로 내가 너희에게 알리노니
> 하나님의 영으로 말하는 자는
> 누구든지 예수를 저주할 자라 하지 아니하고
> 또 성령으로 아니하고는
> 누구든지 예수를 주시라 할 수 없느니라"(고전 12:3).

그리스도께서는 새로 거듭난 영혼에게 비추실, 그분 자신으로부터 올 더 밝은 빛에 대해 제자들에게 친히 말씀하셨는데, 여기서 이를 들어보겠습니다.

"보혜사 곧 아버지께서 내 이름으로 보내실 성령
그가 너희에게 모든 것을 가르치고
내가 너희에게 말한 모든 것을 생각나게 하리라"(요 14:26).

기억하십시오. 우리는 성령님이 우리에게 능력을 주실 때에만 그리스도를 알 수 있습니다. 자원하는 모든 심령을 인도해 하나님의 높고 깊은 지식을 알게 하시고, 그분과 깊은 교제를 나누게 하시는 것이 바로 하나님의 소원이라니, 이 얼마나 감사한 일입니까!

하나님이 그 아들의 영을 우리 심령 속에 보내시자마자 우리는 즉시 하나님을 "아바 아버지"라고 부릅니다. 그리고 하나님을 예배합니다. 그러나 아마도 진짜 신약적인 의미의 예배는 아직 드리지 못할 것입니다. 하나님은 우리가 그분과 보다 깊은 관계를 맺기 원하십니다. 그러기 위해 우리는 성령의 학교에서 많은 것을 배워야 합니다. 하나님은 우리가 우리를 먼저 사랑하신 그분을 사랑하기 원하십니다. 하나님은 우리가 그분이 받아 마땅한 경배와 찬양을 드리기 원하십니다.

하나님은 진정한 예배가 지닌 영적 매력을 우리 각자에게 알려 주기 원하십니다. 하나님은 우리가 예배드릴 때 하나님이 어떤 분이신지 아는 지식으로 맛보게 될 그 흥분과 감격이 얼마나 경이로운지 우리에게 가르쳐 주기 원하십니다. 우리가 도저히 상상할 수 없는 전능하신 하나님의 존귀와 위엄과 광대하심을 깨닫고 깜짝 놀라기 원하십니다.

이런 예배를 대신할 만한 인간적 대용물은 전혀 없습니다. 오직 성령님을 통해 우리의 창조주요 구속주요 여호와 되신 하나님께 이런 예배를 드릴 수 있습니다.

그런데 우리 주변 어디를 보나 예배의 대용물은 분명하고 끊임없이 있습니다. 그리스도인 가운데 있는 유혹, 즉 깨어 있는 시간 내내 종교적인 활동에 계속 종사하려는 강박 관념이 바로 그것입니다.

그러나 이것은 어디까지나 교회가 만들어 낸 예배 개념이지 진정한 예배 개념이 아닙니다. 현대 교회의 가르침과 설교를 들어 보면 우리가 계속 바쁜 것이 우리를 향한 하나님의 계획이라는 생각 쪽으로 기울어 있습니다. 바쁜 것이야말로 우리가 사는 이 세상에서 가장 훌륭한 대의명분이기 때문입니다.

그러나 우리 양심이 조금이라도 살아 있어서 진지하게 생각해 본다면, 자칭 그리스도인이라 고백하는 사람 가운데 진정한 영적 예배를 드리는 경우가 실망스러울 만큼 적다는 사실을 인정하지 않을 수 없습니다.

우리가 어쩌다 이런 지경에 이르게 되었느냐고요? 만일 여러분이 진심으로 이 질문을 하신다면, 저도 기꺼이 다음과 같이 질문하며 답하겠습니다. 한마디로, 선포하지 않는데 우리가 어떻게 알겠습니까? 교역자든 평신도든 우리를 인도하는 그 많은 사람이 하나님과의 교제는 말로 표현할 수 없을 만큼 즐겁다는 사실을 거의 말하지 않습니다. 듣지 않고 우리가 어떻게 예배를 그렇게 중요하고 없어서는 안 될 것으로 생각할 수 있겠습니까?

잠시 여러분이 알고 있는 신약에 대해 한번 생각해 보십시오. 그러면 바로 이 지점이 예수님이 당시 독선적이요 엄격하기만 했던 바리새인에게 가르치려 하신 진정한 예배의 요점이라는 사실에 동의할 것입니다.

당시 바리새인의 일상은 아주 종교적이었습니다. 그들은 겉으로 보기에 경건했으며 예배 형식에 대해서도 잘 알았습니다. 그러나 마음속은 예수님이 '회칠한 무덤'이라고 부르실 만큼 많은 결점과 위선으로 가득했습니다. 그들이 이해하고 있던 유일한 의는, 도덕적으로 상당히 고상한 삶을 사는 것에 근거한 외적인 자기 의가 전부였습니다.

바리새인은 하나님을 그들처럼 엄격하고 고압적이며 용서할 줄 모르는 분으로 생각했습니다. 때문에 그들의 예배 개념 역시 수준이 낮고 무가치할 수밖에 없었습니다. 그들에게 하나님을 섬긴다는 것은 하나의 고역이었습니다. 하나님을 사랑하지는 않지만, 그분을 떠나면 감당할 수 없을 만큼 막대한 손실을 볼 테니 도망가지도 못하고, 울며 겨자 먹기로 섬기는 그런 고역이었습니다. 바리새인이 이해하는 하나님은 함께 살기 어려운 분이었습니다. 그래서 그들의 일상 속에 나타난 종교를 보면 사랑의 흔적은 전혀 찾아볼 수 없이 아주 엄격하고 딱딱했습니다. 인간인 우리는 하나님을 닮으려고 애씁니다. 그러니 만일 우리가 하나님을 아주 엄격하고 고압적이며 무서운 분으로 이해하고 있다면, 우리 역시 그런 사람이 될 것입니다!

그런데 참으로 감사하고 복된 진리는, 하나님은 만유 가운데서 가장 마음이 끌리는 매력적인 분이시라는 사실입니다. 그러니 그분을 예배할 때 말할 수 없는 즐거움을 누릴 수밖에요.

살아 계신 하나님은 지금까지 그분을 찾고 구하는 심령에게 자신을 기꺼이 계시해 주셨으며 지금도 계시해 주십니다. 그분은 우리가 하나님은 사랑이시요, 그분을 믿는 자는 그 사랑 외에 아무것도 알 필요가 없다는 사실을 알기 원하십니다.

하나님은 우리가 그분은 정말 공의롭기 때문에 죄를 눈감아 주시지 않는다는 사실도 알기 원하십니다. 그러나 영원한 언약의 피를 통해 마치 우리가 전혀 죄를 짓지 않은 사람인 것처럼 우리를 대하실 수 있다는 사실 또한 명백히 알리셨습니다.

사랑 안에서 그분의 영원한 아들이신 예수 그리스도의 공로를 통해 우리를 구속하신 하나님은 비합리적인 분이 아니십니다. 하나님은 이기적인 분이 아니며 성질이 까다롭거나 변덕스러운 분이 아니십니다. 하나님은 오늘이나 내일이나 그다음 날이나 그 이듬해에나 항상 동일하신 분입니다.

우리와 교제를 나누기 원하시는 하나님을 만족시키기는 어려울지 모르지만, 그렇다고 하나님을 기쁘시게 하는 일이 어려운 것은 결코 아닙니다. 하나님은 우리에게 그분이 친히 공급하신 것만을 기대하십니다. 또 우리가 그분을 기쁘시게 하려고 들이는 모든 노력(아무리 단순한 것이라 해도)을 재빨리 기록해 두십니다. 우리가 한 일이 그분의 뜻을 행하기 위한 일이라면 그 안에 있는 불완전함은 재빨리 지나쳐 버리십니다. 가장 좋은 소식은, 하나님이 우리를 위해 우리를 사랑하신다는 것입니다.

그분은 우리의 사랑을 새로 창조된 온 세계의 은하계보다 더 소중하게 생각하십니다. 그분은 우리의 체질을 아시며 우리가 흙으로 빚어진 존재라는 사실도 아십니다.

하나님은 때로 우리를 징계하시기도 합니다. 그러나 그럴 때조차 하나님은 사랑으로 징계하십니다. 아직 불완전하지만 매일매일 하나님을 닮아가는, 장래가 촉망되는 아들을 바라보며 기쁨에 겨운 아버지로서 자랑스럽고 사랑에 벅찬 마음으로 우리를 징계하십니다.

하나님은 모든 인내의 총화요, 자비로운 선의의 정수이시라는 사실을 믿고 우리는 기뻐해야 합니다. 우리는 우리 자신을 선하게 만들려고 광적으로 애쓸 것이 아니라, 오히려 그분이 우리의 전부를 아시면서도 여전히 우리를 사랑하신다는 사실을 믿고 불완전한 모습 그대로 그분의 양팔에 안겨야 합니다. 그것이 하나님을 가장 기쁘시게 하는 일입니다.

이 모든 것 중 아주 흡족한 부분은 하나님과 구속받은 영혼 간에 서로 나누는 사랑의 교제를 우리가 개인적으로 의식할 수 있다는 사실입니다. 우리는 이 교제를 정말 개인적으로 알 수 있습니다. 신자들의 몸인 교회를 통해서가 아니라 먼저 그 당사자가 의식할 수 있습니다. 그런 다음 그 교회를 구성하는 개개인을 통해 그 교회에도 찾아오게 됩니다.

그렇습니다. 우리는 교제를 의식할 수 있습니다. 이 교제를 우리가 알 수 있습니다. 영혼이 알지 못하게 역사하는 것이 아닙니다. 그리고 이 대화는 마지막이 아니라 시작입니다. 우리가 하나님과 교제를 나누고 영적인 친교와 우정을 나누기 시작한 일은 실제적이며 그 시작이 있습니다. 그러나 그 교제가 어디서 멈추는지 그 끝을 발견한 사람은 아직 한 명도 없습니다. 왜냐하면 이는 끝도 없고 제한도 없는 삼위일체 하나님의 신비로운 심연 저 깊숙이 들어 있기 때문입니다.

하나님과 이처럼 달콤한 관계를 맺을 때, 우리는 하나님의 속성에 대해 놀라운 경외심을 품게 되고 흠모할 뿐 아니라 그것을 숨죽이며 동경하고 높이 찬양하기 시작합니다. 그리고 하나님이 가까이 계심을 알 때 느끼는 숨 막히는 침묵에 대해서도 배우기 시작합니다. 이런 일을 한 번도 깨달은 적 없을지 모릅니다. 그러나 하나님의 임재를 의식할 때 갖는 이 모든 것이야말로 바로 성경에서 말하는 '하나님에 대한 두려움'입니다.

우리는 고통을 당할 때라든가 위험에 직면했을 때 혹은 형벌이나 죽음이 예상될 때 느끼는 두려움을 많이 알고 있습니다. 그런데 여기서 우리가 분명히 알아야 할 것은 성경에서 명하는 하나님에 대한 두려움(경외심)은 절대 협박이라든가 형벌 같은 것으로 유발될 수 없다는 사실입니다.

위대한 사람, 페이버(Faber)가 말했듯이 하나님에 대한 두려움은 "깜짝 놀라 우러러보는 마음"입니다. 그 두려움의 정도는 죄 많은 영혼이 거룩하신 하나님 앞에서 느끼는 아주 기본적인 공포에서부터 하나님을 예배하는 성도가 하나님께 매료되어 느끼는 경외심에 이르기까지 아주 다양합니다.

우리의 삶에는 순전한 것이 별로 없습니다. 그러나 깜짝 놀라 넋이 나갈 만큼 탄복하며 사랑과 헌신 속에서 하나님을 두려워하는 마음은 인간의 영혼이 알 수 있는 가장 순전한 감정입니다.

저부터도 하나님의 임재와 가까이 계심을 의식하지 못했다면 아마 이렇게 오래 그리스도인으로 남아 있지 못했을 것입니다. 물론 매일매일 하나님과 친밀한 영적 교제를 나누지 않고서도 윤리에 근거하여 살아갈 만큼 강퍅한 사람도 있습니다.

사람들은 벤저민 프랭클린(Benjamin Franklin)이 바로 그런 사람이었다고 말하는데, 그는 이신론자였지 그리스도인은 아니었습니다. 당시 조지 휫필드(George Whitefield)가 벤저민 프랭클린에게 그를 위해 기도한다고 말해 주었다고 합니다. 그러자 프랭클린은 "기도해도 아무 소용 없을걸요. 저는 아직 구원받지 못했으니까요"라고 대답했다고 합니다.

프랭클린은 매일 정직, 충성, 자선, 그 외에 다른 많은 미덕이 표시된 작은 정방형 도표로 이루어진 그래프를 그렸습니다. 그는 이 도표를 달력처럼 사용해 미덕들 중 하나를 어기면 적어 놓곤 했습니다. 그리고 자신이 스스로 정한 이 계명 중 어느 하나도 어기지 않고 하루나 한 달을 보내면 자신이 인간으로서 꽤 잘 살고 있다고 생각했습니다.

윤리적이라는 생각이 드십니까? 그렇습니다. 아주 윤리적입니다. 그렇다면 이 속에 하나님에 대한 의식이 있습니까? 전혀 없습니다. 신비한 느낌이라든가 예배에 대한 의식 또는 하나님을 우러러보는 마음이 전혀 없습니다. 그의 눈앞에는 하나님을 향한 두려움이 전혀 없습니다. 이 모두는 프랭클린 자신의 신념에 의한 것입니다.

이처럼 오늘날의 교회는 하나님을 두려워하는 의식이 빠져 있습니다. 참으로 유감스러운 일입니다. 이 의식의 부재는 불길한 전조요, 징후입니다.

하나님을 두려워하는 의식은 마치 옛날 이스라엘 백성 위에 떠 있던 구름 기둥처럼 우리 위에 떠 있어야 합니다. 눈에 보이지 않는 부드러운 망토처럼 우리 위에 있어야 합니다. 하나님을 두려워하는 의식이 우리 속사람의 생활을 다스릴 수 있어야 하며, 성경의 모든 구절에 각별한 의미를 찾아 주어야 합니다. 그 의식 덕분에 매주, 매일이 구별되고 우리가 밟는 모든 곳이 거룩한 곳으로 바뀌어야 합니다.

우리는 우리가 아는 두려움 때문에 계속 무서워 떱니다. 공산주의를 두려워하며 문명이 붕괴될까 봐 두려워하고 심지어 다른 혹성에서 침입할까 봐 두려워합니다. 사람들은 두려움이 무엇인지 안다고 생각합니다. 그러나 우리가 지금 말하는 두려움은 거룩하고 사랑이 많으신 하나님을 경외하고 예배하는 두려움입니다. 이런 영적인 종류의 두려움은 오직 하나님의 임재에 의해서만 느낄 수 있습니다.

오순절에 성령님이 임하시자 그곳에 있던 모든 사람에게 큰 두려움이 임했지만 아무것도 두려워하지 않았습니다! 사랑 안에서 완전해진 하나님의 자녀는 두려움이 없습니다. 왜냐하면 완전한 사랑이 두려움을 내쫓기 때문입니다. 그러나 그들은 수많은 사람 가운데서 하나님을 가장 두려워하는 사람들입니다.

사도 요한을 예로 들어보겠습니다. 예수님이 겟세마네 동산에서 붙잡히실 때, 사도 요한 역시 멀리 도망간 사람 중 하나였습니다. 아마 그는 자기도 붙잡혀 감옥에 들어가게 될까 봐 두려웠을 것입니다. 그는 위험을 두려워했고, 형벌을 두려워했으며, 치욕을 당하는 게 두려웠습니다.

그러나 나중에 예수 그리스도를 증언한 죄로 밧모섬에 유배된 그는 금촛대 사이에 서 계신 놀라운 분을 뵈었습니다. 그분은 흰옷을 입고 금띠를 띠고 있었는데 그 발은 풀무에 단련한 빛난 주석 같고 그 입에서는 날선 검이 나왔습니다. 그 머리는 양털처럼 희고 그 얼굴은 해가 힘 있게 비추는 것 같았습니다. 그분을 뵙는 순간 요한은 갑자기 두려움과 경외심에 완전히 사로잡혀 땅에 엎드러져 죽은 자처럼 되었습니다.

그때 사망과 음부의 열쇠를 가지신 예수 그리스도, 그 거룩한 대제사장께서 그를 잡아 일으켜 주셨습니다. 정신이 든 요한은 이제 두려움이나 위협을 느끼지 않았습니다. 그와는 다른 두려움을 느끼게 되었는데 바로 하나님을 경외하는 두려움이었습니다. 이 거룩한 두려움을 사도 요한은 느꼈습니다.

경건한 두려움과 경배 의식을 갖게 하는 하나님의 임재, 바로 이것을 오늘날 우리 가운데서 거의 찾아볼 수 없습니다. 오르간으로 연주한 부드러운 음악이나 아름답게 꾸민 창을 통해 들어오는 빛으로 이런 의식을 불러일으킬 수는 없습니다. 이는 작은 떡 조각을 들고 이것이 하나님이라고 주장한다고 해서 생기는 감정이 아닙니다. 어떤 주문을 외우거나 많은 주문을 외운다고 해서 생기는 감정이 아닙니다. 그런 종류의 이교 사상 앞에서 사람들이 느끼는 감정은 하나님에 대한 진정한 두려움이 아닙니다. 그런 것은 단지 미신적인 공포감만 유발할 뿐입니다.

하나님을 진정으로 두려워하는 것은 참으로 아름다운 일입니다. 그것은 예배요, 사랑이며, 숭배이기 때문입니다. 하나님이 계시기 때문에 경험하는 지극히 높은 영적 행복감입니다. 만일 하나님이 계시지 않는다면, 나 자신도 존재하고 싶지 않을 만큼 큰 기쁨입니다. 그 사람으로서는 이렇게 기도하기가 아주 쉬울 것입니다. "하나님, 지금의 그 모습 그대로 존재하소서. 그렇지 않으면 차라리 저를 죽여 주소서! 저는 당신 이외의 다른 어떤 하나님도 생각할 수 없습니다!"

진정한 예배는 하나님과 지극히 개인적인, 그리고 끊을 수 없는 사랑의 관계에 있습니다 그 사랑을 옮긴다는 것은 아예 생각조차 할 수 없는 일입니다. 그것이 바로 하나님을 두려워(경외)한다는 뜻입니다. 그러나 오늘날은 이런 예배를 거의 찾아볼 수 없습니다. 그래서 우리가 어떻게 하고 있는지 아십니까? 성전의 찢어진 휘장을 꿰매려고 기를 씁니다. 인위적인 수단을 사용해 예배를 흉내 내려고 애씁니다.

지옥에 있는 마귀가 틀림없이 우리를 비웃을 것입니다. 그리고 하나님은 몹시 슬퍼하실 것입니다. 우리에게 하나님에 대한 두려움이 전혀 없기 때문입니다.

요한복음 4장 19-24절

여자가 이르되 주여 내가 보니 선지자로소이다
우리 조상들은 이 산에서 예배하였는데
당신들의 말은 예배할 곳이 예루살렘에 있다 하더이다
예수께서 이르시되 여자여 내 말을 믿으라
이 산에서도 말고 예루살렘에서도 말고 너희가 아버지께 예배할 때가 이르리라
너희는 알지 못하는 것을 예배하고 우리는 아는 것을 예배하노니
이는 구원이 유대인에게서 남이라
아버지께 참되게 예배하는 자들은 영과 진리로 예배할 때가 오나니 곧 이 때라
아버지께서는 자기에게 이렇게 예배하는 자들을 찾으시느니라
하나님은 영이시니 예배하는 자가 영과 진리로 예배할지니라

WHATEVER HAPPENED TO WORSHIP?

03
•

예배자는 가짜 예배를
경계해야 합니다

A.W. TOZER

성경 전체의 취지와 골자에 따르면, 하나님은 아무것도 필요로 하시지 않지만 그럼에도 불구하고 그분이 창조하신 자녀들의 예배와 경배는 받기 원하신다고 합니다.

이 결론은 구태여 성경 어느 구절을 증거로 댈 필요도 없이 아주 명백한 사실인데, 그 이유는 우리 주님께서 이 땅에 계실 때 친히 다음과 같이 분명하게 말씀하셨기 때문입니다.

"주 너의 하나님께 경배하고 다만 그를 섬기라"(눅 4:8).

온 천하에 종교와 예배 형태를 가지지 않은 종족은 하나도 없습니다. 인간은 본능적으로 예배 의식을 갖고 있습니다.

저는 전에 사설을 쓰면서 어떤 사람이 무릎을 꿇고 양손을 뻗으며 "하늘에 계신 우리 아버지"라고 말한다면, 그는 인간으로서 아주 자연스러운 일을 행하는 것이라고 견해를 피력한 적이 있습니다. 그러자 나이 지긋한 어느 독자가 그 사설을 읽고 의외라

할 만큼 격한 감정을 보이며, "완전히 자유주의적인 논설 위원이 예배가 인류에게 자연적인 것이라고 말한다"라며 반론을 제기했습니다.

사실 하나님은 자신을 예배하게 하려고 우리를 창조하셨습니다. 만일 우리가 아담과 하와와 함께 타락하지만 않았더라면, 예배는 가장 자연스러웠을 것입니다.

아담과 하와에게는 죄짓는 것이 자연스럽지는 않았습니다. 그러나 그들은 불순종했고 그 결과 타락하여 창조주 되신 하나님과 완전한 교제를 나누는 특권을 상실했습니다. 죄는 부자연스러운 일입니다. 죄는 하나님이 본래 우리에게 주신 본성이 아닙니다.

간단히 말해서 하나님은 여전히 예배를 원하십니다. 그러나 우리는 우리 방식대로 우리 좋은 대로 하나님을 예배할 수 없다는 사실을 배워야만 합니다.

여러분은 우리 주 예수 그리스도께서 이 땅에 계시는 동안 종교적인 어느 특정 그룹의 사람에 대해 말씀하시면서 "너희가 알지 못하는 것을 예배한다"(요 4:22)라고 하신 말씀에 대해 생각해 보신 적이 있습니까? 사실 예수님은 여기서 예배에 관해 아주 정

곡을 찌르는 진리를 강조하고 계십니다. 인간은 얼마든지 그리스도를 떠나 그분이 주시는 구원이 없는 예배 형태를 인정하고 승인할 수 있습니다.

   이와 유사한 진리를 지적하기 위해 이보다 좀 더 심한 말을 해야겠습니다. 진짜 종교적인 체험도 그리스도를 떠나서 얼마든지 가능합니다. 자, 저는 여러분이 저를 오해하고 마음속으로 저를 이단이라 비난하시지 않기를 바랍니다.

   그렇습니다. 저는 방금 그리스도를 떠난 예배도 있을 수 있으며 그리스도를 떠난 진짜 종교적 체험도 있을 수 있다고 말씀드렸습니다. 그러나 저는 그런 종교적인 체험이나 예배 형태가 하나님께 열납될 만한 것이라고는 말씀드리지 않았습니다. 그리고 그럴 것이라고 믿지도 않습니다. 비록 그 예배가 하나님을 향한 것이요 하나님께 바치기 위해 드려진 것이라 해도 하나님이 열납하시지 않는 예배도 있습니다.

   예수님은 이 땅에서 가르치실 때, 사람들이 "우리가 주님의 이름으로 기적을 행하지 않았습니까? 우리가 길모퉁이에서 주님을 위해 말하지 않았습니까?"라고 할 때가 올 것이라고 하셨습니다.

여러분은 그런 사람들에 대한 주님의 날카롭고 준엄한 대답이 무엇인지 기억하십니까? 주님은 그들에게 "내가 너희를 도무지 알지 못하니 … 내게서 떠나가라"(마 7:23)라고 하셨습니다.

따라서 이 땅에 사는 우리는 항상 영과 진리로 드려져야 하는 진정한 예배의 실체에 관해 절대 자신을 속이면 안 됩니다. 하나님이 전혀 받지 않으실 종교적 체험과 예배 형태를 얼마든지 가질 수 있다는 것은 아주 분명한 사실입니다.

사도 바울은 고린도 교회에 아주 예리하고 분명하며 결정적인 서신을 써 보냈습니다. 바울은 사람들이 예배의 체험은 갖되 하나님의 뜻에 따르지 않는 예배를 드릴 수도 있다는 사실을 분명히 알았습니다. 그런 예배를 드린다면 절대 하나님께 열납되지 않을 것입니다.

여기서 바울의 말을 직접 들어봅시다.

"무릇 이방인이 제사하는 것은 귀신에게 하는 것이요
하나님께 제사하는 것이 아니니
나는 너희가 귀신과 교제하는 자가 되기를
원하지 아니하노라"(고전 10:20).

바울은 여기서 하나님은 모든 형태의 우상 숭배를 증오하신다고 분명히 가르칩니다. 우상 숭배는 그 우상을 숭배하는 사람들에게는 진정일 수 있습니다. 그러나 그렇다고 해서 그 우상 숭배가 살아 계신 하나님께 열납되는 것은 아닙니다.

이래서 예수님은 어떤 사람에 대해 "너희는 알지 못하는 것을 예배한다"라고 말씀하신 것입니다. 예배의 요소들, 찬양, 겸손, 굴복, 신뢰 등을 갖추었어도 그들은 전혀 구속받은 자가 아닐 수 있습니다.

토머스 칼라일(Thomas Carlyle)은 그의 책 『영웅숭배론』(Heroes and Hero Worship)에서 세계의 위대한 이교들이 모두 다 가짜라고 생각하는 실수를 범하지 말라고 경고했는데 저는 이 말이 유념할 가치가 있다고 봅니다. 칼라일은 세계의 위대한 종교들을 직접 조사한 결과 종교는 전혀 가짜가 아닌 진짜라고 선언했습니다. 그래서 종교가 무서운 거라고 말입니다.

수년 전에 저는 멕시코에서 한 오래된 사원을 보고 마음이 몹시 끌렸습니다. 그래서 모자를 벗고 사원 안으로 걸어 들어갔습니다. 들어가 보니 땅만 있고 마루는 전혀 없었습니다. 저는 잠시 서서 그 안에 세워져 있는 동상과 조각품을 둘러보았습니다.

그때 한 나이 든 멕시코 여성이 그 안으로 들어왔습니다. 그녀는 자그마한 쇼핑백을 들고 있었습니다. 그녀는 나를 전혀 개의치 않고 곧바로 제단으로 걸어가더니 생명 없는 그 동상의 얼굴을 우러러보았습니다. 그녀의 표정에는 깊은 동경과 소원과 헌신이 서려 있었습니다. 저는 "저런 간절한 영적 갈망을 우리 주님께 드리면 얼마나 좋을까!"라고 생각했습니다.

제가 보기에 그녀는 틀림없이 예배를 드리고 있었습니다. 그녀에게는 그것이 진짜였다고 저는 믿습니다. 그녀는 절대 가장하고 있지 않았습니다. 그녀는 예배드리고 싶어 했습니다. 그러나 그녀의 예배는 단지 누군가가 손으로 만든 것에 불과한 생명 없는 동상을 향했습니다.

하나님이 열납하시지 않는 예배의 종류는 많습니다. 구약에 나오는 가인의 예배가 하나님께 열납되지 않은 이유는 하나님과 타락한 인간과의 관계에는 죄의 대속이 필요하다는 사실을 가인이 인정하지 않았기 때문입니다.

가인은 예배를 통해 하나님을 기쁘시게 하고 싶었습니다. 그러나 피의 제물이 아닌 '땅의 소산'으로 제물을 드렸습니다. 아마 아름다운 꽃이나 과일 바구니를 드렸을 것입니다.

하나님이 그 예물을 보고 못마땅해하시자, 가인은 "저는 죄와 대속이라는 것을 전혀 모릅니다"라고 대꾸하는 듯했습니다. 가인은 하나님이 자기 예물은 거절하시고 아벨이 드린 '양의 첫 새끼'는 열납하시자 너무 화가 나서는 들에서 자기 동생을 죽였습니다.

가인이 하나님께 드린 그런 종류의 예배는 세 가지 기본적이고도 아주 심각한 결함을 갖고 있습니다.

첫째, 가인은 하나님을 실제와는 전혀 다른 분으로 잘못 생각했습니다. 이는 주권적이요 거룩하신 하나님의 인격 및 성품과 관련이 있습니다. 하나님이 어떤 분이신지도 모르면서 어떻게 그분께 열납될 만한 예배를 드리겠습니까? 가인은 하나님이 정말 어떤 분이신지 분명히 몰랐습니다. 그는 인간의 죄라는 문제가 하나님께 영원히 중요하다는 사실을 믿지 않았습니다.

둘째, 가인은 자신이 실제로 갖지 않은 어떤 관계를 하나님과 갖고 있다고 잘못 생각했습니다. 가인은 어떤 중재자 없이도 자신이 여호와께 마땅히 열납되리라 생각했습니다. 인간은 죄로 인해 하나님으로부터 멀리 떨어졌다는 그분의 판결을 그는 받아들이지 않은 것입니다.

셋째, 구약에 나오는 가인과 그 이후 셀 수 없이 많은 사람이 죄를 실제보다 훨씬 덜 심각하게 생각하는 잘못을 범했습니다. 가인에 대한 기록을 자세히 들여다보고 깊이 생각해 보십시오. 그 점이 분명히 드러날 것입니다. 하나님은 거룩하신 분이기 때문에 죄를 미워하십니다. 하나님은 죄가 온 세상을 고통과 슬픔으로 가득 채웠다는 것, 그래서 우리에게서 인생의 가장 중요한 목적과 기쁨(하나님을 예배하는 기쁨)을 앗아 갔다는 사실을 알고 계십니다.

가인이 드린 그런 종류의 예배는 진정한 의미가 결여된 합당하지 못한 예배입니다. 이 문제를 신약 시대에 사는 우리에게 적용하면서, 여러분에게 분명히 말씀드리고 싶은 것이 있습니다. 저는 만일 어떤 교회가 우리 죄를 위해 십자가에서 죽으신 우리 주 예수 그리스도의 피의 대속을 가르치지 않다면, 그런 교회에서 괜한 시간을 허비하지 않을 것입니다!

하나님께 열납되지 않는 또 다른 예배는 성경에 나오는 사마리아인의 태도에서 잘 나타납니다. 구약의 역사를 보면 북이스라엘의 첫 번째 왕인 여로보암이 예배드릴 곳을 두 군데 만들어 놓았습니다. 그는 자기 백성들이 예루살렘에 가서 예배드리는 습관에서 벗어나기를 원했습니다. 그래서 편리한 장소인 벧엘과 단을 선택해 그곳에서 예배드리도록 금송아지를 만들어 놓았습니다.

그런데 이런 사마리아식 이단, 우리가 예배드리고 싶은 것을 골라 예배드리고, 예배드리기 싫은 것은 거절하는 이 이단이 지금도 아주 만연합니다.

실제로 그로 인해 심리학과 인본주의가 다양한 종교로 위장하며 판을 칠 길이 열렸습니다. 이와 관련해 사람들은 여호와께서 하신 말씀을 판단하는 심판처럼 행세합니다. 그들은 무릎을 꿇고 주님께 자기들을 심판해 달라고 하는 대신, 거만하게 일어서서 주님을 심판합니다.

토론토에 있는 한 크고 유명한 교회에서 청소년 집회가 열렸습니다. 그런데 그 집회에 초빙된 강사가 현대 교회 젊은이들에게 이렇게 권고했다고 합니다. "성경에 있는 것 중 여러분 자신의 체험과 맞지 않는 것은 무엇도 믿지 마십시오!"

만일 여러분도 이처럼 자기가 좋아하는 것만 골라 예배하는 사람 중에 하나라면, 여러분은 자연의 아름다움을 통해 예배하기로 선택할지 모릅니다. 아니면 예배는 음악을 통해 온다고 생각하며 마음을 고양하고 영혼을 거의 황홀경에 빠지게 하는 음악을 의지할 수도 있겠지요.

저는 지금 자연에서 예배하는 사람의 경향을 언급했습니다. 저는 여기서 다음과 같은 사실을 덧붙이고 싶습니다. 만일 여러분이 정말 성경을 연구한다면, 구약은 자연 창조에 관한 놀라운 서사시라는 사실을 발견할 것입니다.

모세로부터 시작해 봅시다. 레위기를 지나면, 여러분은 모세가 모든 피조물 안에 계신 하나님의 임재를 아주 민감하게 의식하며 소망에 넘친 모습을 발견하게 됩니다.

다음에는 욥기로 가 보십시오. 그 책 마지막 부분에서 주변 세계를 묘사하는 장엄한 언어를 보고 깜짝 놀랄 것입니다.

그다음에 시편으로 가 보십시오. 거기서는 다윗이 하나님이 지으신 세계의 경이를 바라보며 무아지경에 빠져 문자 그대로 춤추는 모습을 보게 됩니다.

그다음에 이사야서를 보십시오. 그러면 가장 고상한 이미지를 발견하게 됩니다. 공상에서 나온 것도 아니요, 그렇다고 머리가 좀 이상해져서 나온 것도 아닙니다. 선지자 이사야가 목격한 대로 창조의 경이를 표현한 것뿐입니다.

고대의 가장 거룩하고 경건한 사람이었던 이들은 그 글 속에서 그들 주변에 있는 모든 자연의 아름다움을 그들이 아주 깊고 강렬하게 사랑하고 있음을 나타냅니다. 그렇지만 그럼에도 불구하고 그들은 자연을 항상 전능하며 전지하고 영화로우신 창조주의 솜씨로 봅니다.

여기서 우리 문명과 사회에 대해 제가 관찰한 것을 하나만 더 이야기해 보겠습니다. 오늘날 사람들은 마치 갇힌 상태로 태어나는 동물원의 사자들과 같습니다. 아주 슬프고도 통탄할 일입니다. 우리는 병원에서 태어나 콘크리트로 된 동물원을 거닐며 탁하고 더러운 공기로 숨 쉬다가 죽을 때 다시 병원에 갑니다. 정말 대자연에 발을 디뎌 볼 기회가 없습니다.

우리는 자연의 충동을 느낄 만한 상황에 놓이는 경우가 얼마나 적은지 모릅니다. 비행기가 머리 위로 날아갈 때라든가, 하늘을 보고 장화를 신어야 할지 말아야 할지 결정할 때를 제외하고는 눈을 들어 하나님이 지으신 하늘을 바라보는 경우가 거의 없습니다. 우리 주변에는 경이로운 피조물이 무수히 많은데, 우리는 바로 그 한가운데서 우리도 모르는 새에 하나님의 창조를 경이롭게 바라보는 능력을 상실했습니다.

사람들은 계속해서 예배의 형태나 방법에는 옳은 형태와 방법이 많이 있다며 자신을 설득하려 합니다. 그러나 하나님은 계시를 통해 "하나님은 영이시며 예배하는 자가 영과 진리로 예배할지니라"(요 4:24)라고 분명히 말씀하셨습니다. 하나님은 예배의 문제를 인간의 손에서 빼앗아 성령님께 맡기셨습니다.

따라서 우리 중 어느 누구도 성령님의 도우심 없이는 하나님을 예배할 수 없습니다. 하나님의 영이 역사할 때 비로소 하나님 자신이신 예수 그리스도를 통해 하나님께 열납될 만한 예배를 드리게 되는 것입니다.

이처럼 예배는 하나님에게서 비롯되어 우리에게 왔다가 하나의 거울로서 우리로부터 반사됩니다. 하나님은 이외의 다른 어떤 종류의 예배도 용납하시지 않습니다.

우리는 지금 너무 많은 사람이 자신이 무엇을 믿고 있는지 혹은 무엇을 믿어야 할지 전혀 확신하지 못하는 세상에 살고 있습니다. 그런데 대부분은 그 이유를 자신이 "진리를 추구하는 사람"이라서 그렇다고 합니다.

이렇게 광고하는 교회도 있더군요. "당신은 아무것도 믿을 필요가 없다. 단지 진리를 추구하는 자가 되라."

중생이라든가 성령님의 인도에 대해 모르는 사람은 옛적부터 존재한 '무언가를 예배하려는' 충동을 느낍니다. 예를 들어 어떤 사람은 닭을 한 마리 죽여 그 깃털을 자기 머리에 쓰고 작은 원을 그리며 춤을 출 것입니다. 어떤 사람은 그렇게 하는 대신 시를 쓰겠지요. 마치 에드윈 마컴(Edwin Markham)이 "나는 신들을 발견하기 위해 순례를 했다"라는 글을 썼듯이 말입니다.

그중에는 마컴처럼 "태양으로부터 신호를 보내는 신의 밝은 손을 보았다"라고 말하려는 사람들도 많이 있습니다. 저는 지금까지 그런 신호를 본 적이 한 번도 없습니다. 우리는 지금 어디를 가나 성경이 있고 복음이 신실하게 선포되는 땅에서 살고 있습니다. 그런데 사람들은 어둡고 먼지가 자욱한 옛 제단과 무덤에서 하나님을 구합니다. 그러다가 결국 하나님이 태양으로부터 신호를 보내고 계신다고 믿게 되는 것입니다.

따라서 우리는 세상을 향해 하나님은 영이시며 그분을 예배하는 자는 반드시 영과 진리로 예배해야 한다는 사실을 말해야 합니다.

예배는 반드시 영과 진리로 드려야 합니다. 우리는 성령 안에서만 예배드릴 수 없습니다. 진리 없이 성령님은 일하시지 않기 때문입니다. 그렇다고 진리 안에서만 예배드릴 수도 없습니다. 성령님 없이는 진리를 이해할 수 없기 때문입니다.

예배는 반드시 영과 진리로 드려야 합니다! 그것은 하나님의 진리와 하나님의 영이어야 합니다. 하나님께 자신을 드리고 하나님의 진리를 믿는 사람이 하나님의 영으로 충만해지면, 그 사람의 아주 희미한 속삭임조차 예배가 될 것입니다.

정말 비극적인 사실은 예배드리려고 애쓰는 많은 사람의 노력이 하나님께 열납되지 못하고 있다는 점입니다. 성령님의 도우심 없이는 진정한 예배가 있을 수 없습니다. 이것은 참으로 심각한 일입니다. 저는 수백만의 교양 있고 종교적인 사람이 단순히 교회의 전통과 종교적인 관습을 수행하고 있을 뿐 실제로 하나님께는 전혀 미치지 못한다는 사실을 생각할 때 밤에 평안히 잠을 잘 수가 없습니다.

우리는 영과 진리로 겸손히 하나님을 예배해야 합니다. 우리 각자는 심판받기 위해 진리 앞에 섭니다. 그렇다면 성령님의 임재와 능력은 우리 그리스도인의 삶에 있어서 반드시 있어야 한다는 사실이 분명하지 않습니까?

창세기 3장 17-24절

아담에게 이르시되 네가 네 아내의 말을 듣고 내가 네게 먹지 말라
한 나무의 열매를 먹었은즉 땅은 너로 말미암아 저주를 받고
너는 네 평생에 수고하여야 그 소산을 먹으리라
땅이 네게 가시덤불과 엉겅퀴를 낼 것이라 네가 먹을 것은 밭의 채소인즉
네가 흙으로 돌아갈 때까지 얼굴에 땀을 흘려야 먹을 것을 먹으리니
네가 그것에서 취함을 입었음이라
너는 흙이니 흙으로 돌아갈 것이니라 하시니라
아담이 그의 아내의 이름을 하와라 불렀으니
그는 모든 산 자의 어머니가 됨이더라
여호와 하나님이 아담과 그의 아내를 위하여 가죽옷을 지어 입히시니라
여호와 하나님이 이르시되 보라
이 사람이 선악을 아는 일에 우리 중 하나 같이 되었으니
그가 그의 손을 들어 생명 나무 열매도 따먹고 영생할까 하노라 하시고
여호와 하나님이 에덴 동산에서 그를 내보내어
그의 근원이 된 땅을 갈게 하시니라
이같이 하나님이 그 사람을 쫓아내시고
에덴 동산 동쪽에 그룹들과 두루 도는 불 칼을 두어
생명 나무의 길을 지키게 하시니라

WHATEVER HAPPENED TO WORSHIP?

04
.

예배자의 존재 목적은
'예배'입니다

A.W. TOZER

지금은 다른 어느 시대보다도 가장 계몽된 시대라고 할 수 있습니다. 그런데도 수많은 사람이 자신이 왜 태어났는지 삶의 목적을 전혀 발견하지 못하고 있습니다. 참으로 가장 큰 비극 중 하나라 하겠습니다.

이 사실을 부인할 수 있으면 한번 해보십시오. 물론 그렇지 않다고 부인하는 사람도 있을 것입니다. 그러나 이 세상에서 인간이 있는 곳이면 어디든 절망적이요 우울한 기억 상실증으로 고통당하는 사람들이 있습니다. 기억 상실증에 걸린 사람은 속으로 조용히 혹은 실의에 빠져 큰 소리로 "나는 내가 왜 태어났는지조차 모르겠다!"라고 부르짖을 수밖에 없을 것입니다.

제가 겪은 이야기 하나를 예로 들겠습니다. 언젠가 저는 시청에서 친구와 만나기로 하고 근처 벤치에 앉아 그를 기다리고 있었습니다. 그런데 그때 아주 멋지게 차려입은 젊은이가 오더니 제 옆에 앉았습니다. 그는 저를 보고 미소를 지었는데 무언가 당황스러워 보였습니다.

저는 "혹시 저희가 서로 아는 사이든가요?"라고 물었습니다. 그런데 그 젊은이가 이렇게 말하는 것이었습니다. "아니요, 그렇지 않습니다. 그런데 무언가 문제가 있는 것 같아요. 제게 무슨 일이 일어나긴 했어요. 제 생각에 어디선가 넘어져 머리를 쾅 부딪힌 것 같은데, 아무것도 확실히 기억해 낼 수가 없어요. 아무튼 정신이 들고 보니 누가 제 것을 다 훔쳐 갔더군요. 지갑이며 신분증, 카드가 모두 없어졌어요. 저는 지금 제가 누구인지 확인할 만한 것을 하나도 갖고 있지 않습니다. 그리고 제가 누구인지도 모르겠어요."

"어디엔가 댁의 가족이 있을텐데. 혹시 기억나는 것 없어요?"

"예, 아마 제게는 가족도 있겠죠. 그러나 도무지 기억이 나질 않습니다."

그때 저는 이 당황한 젊은이에게 나도 어떻게 해줄 수 없으니 차라리 경찰서에 가 보는 것이 좋겠다고 말하려 했습니다. 그런데 길 건너편에 있는 점잖아 보이는 신사 한 분이 눈에 들어왔습니다. 그분 역시 당황스럽고 불안한 표정을 짓고 있었는데, 우리가 앉은 벤치를 힐끗 쳐다보더니 갑자기 비명을 지르며 우리 쪽으로 달려왔습니다. 그러고는 제 옆에 앉은 그 젊은이의 이름을 부르며 손을 잡았습니다. "그동안 어디 있었나? 아니 지금까지 무얼 하고 있었어? 오케스트라 단원이 모두 자네 때문에 얼마나 걱정을 하는지 아나?"라고 물었습니다.

그 젊은이는 여전히 잘 모르겠다는 표정을 지었습니다. "죄송하지만 선생님, 저는 선생님을 잘 모르겠는데요. 선생님이 누구신지 모르겠어요."

"뭐라고? 자네가 날 모른다고? 사흘 전에 이곳 토론토에 함께 오지 않았는가? 우리는 필하모니 오케스트라 단원이고, 자네는 제1바이올린 주자일세. 그동안 자네 없이 공연하면서 자네를 얼마나 찾아다녔는지 아나!"

"그렇다면, 저는 필하모니 오케스트라의 제1바이올린 주자이며 제가 여기 온 이유는 오케스트라 공연을 위해서였군요! 그러나 제가 과연 바이올린을 연주할 수 있을지 그건 저도 잘 모르겠는데요."

이와 비슷한 사건은 지금도 일어나고 있습니다. 경찰은 끊임없이 기억 상실증으로 고생하는 많은 사람을 찾고 있으며, 의사들은 인내심을 가지고 그 문제를 다룹니다. 왜 이런 이야기를 하느냐고요? 여러분에게 인류의 첫 번째 조상을 상기시켜 드리기 위해서입니다. 우리의 남자 조상 이름은 아담이고 여자 조상 이름은 하와입니다.

아담은 떨어져서(타락해서) 심한 충격을 받았습니다. 그의 아내 하와도 그 대참사에 동참했습니다. 그들은 떨어진 후, 서로를 쳐다보며 희미한 기억을 더듬어 보았지만, 자신이 누구이며 왜 살아 있는지 도저히 기억해 낼 수 없었습니다. 왜 존재하는지 그 목적을 알 수 없었습니다. 그때 이후 지금까지 인간은 하나님으로부터 격리된 채 병들고 타락한 지구에서 생존하려 애쓰면서 "내가 태어난 이유를 모르겠어!"라며 탄식하고 있습니다.

창조주 하나님이 마련해 주신 계시를 따른 사람들은 그동안 하나님은 절대 목적 없는 일을 하시지 않는다는 사실을 인정해 왔습니다. 따라서 우리는 하나님이 우리를 창조하실 때 그 마음속에 아주 고상한 목적을 가지셨다고 믿습니다. 우리는 하나님의 형상대로 창조된 인간이 무엇보다도 하나님과의 교제를 소원하게 되는 것이 하나님의 뜻라고 믿습니다.

우리가 만물을 창조하고 유지하시는 하나님을 숭배하며 예배하는 가운데 그분과 완전한 교제를 나누는 것이 하나님의 계획입니다.

웨스트민스터 소요리문답을 아십니까? 그렇다면 아마 다음과 같은 아주 엄중하고 오래된 질문을 아실 것입니다.

"인간의 주된 목적은 무엇입니까?"

이 질문에 대해 "인간의 주된 목적은 하나님을 영화롭게 하며 그분을 영원토록 즐거워하는 것입니다"라는 간단하지만 아주 심오한 대답이 나와 있습니다. 이것은 하나님 말씀의 계시와 지혜에 근거한 답변입니다. 생각이 있는 사람에게는 전혀 설명이 필요 없는 대답입니다. 하나님을 예배하고 그분을 영화롭게 하는 것 그것이 바로 모든 인간의 주된 목적입니다.

그런데 왜 그렇게 많은 사람이 이렇게 하지 못할까요? 왜 그렇게 많은 사람이 평생 하나님의 사랑과 계획에 무지한 채 살아갈까요? 왜 그렇게 많은 사람이 자신의 삶에서 일어나는 모든 가혹한 상황을 저주하다가 마침내 절망에 빠져 "오, 내가 왜 이 세상에 태어났는지 그 이유조차 모르겠어!"라고 부르짖게 될까요? 아담의 모든 아들딸을 향한 창조주의 뜻이 어떻게 그렇게 철저히 좌절되고 완전히 내팽개쳐질 수 있단 말입니까?

우리는 똑바로 알아야 합니다. 죄와 폭력과 위반이 횡행하는 이 시대는, 창세기에 분명히 기록된 인류의 고의적이며 죄악된 타락을 전적으로 부인하고 있습니다. 그러나 우리는 오직 하나님의 말씀 속에 나타난 계시를 통해서만 우리 자신에 관해 알아야 할 사실을 배울 수 있습니다.

하나님의 말씀은 우리가 당한 그 큰 부상과 그로 인해 생긴 무감각한 기억 상실증을 아주 솔직하게 말해 주고 있습니다. 인간이 본래의 완전한 상태에서 떨어져 타락하게 된 일을 기록한 슬픈 이야기입니다.

아담과 하와가 그들을 창조하신 하나님의 뜻보다 자신의 뜻을 앞세우기로 결심한 그 이른 아침, 그들은 끔찍한 떨어짐(타락)을 경험했습니다. 그 결과 하나님이 그들에게 주신 정체성을 상실하고 말았습니다. 그들은 깨어난 후 그 몽롱한 상태에서 벗어나려고 애썼지만, 서로 쳐다보며 자신이 존재하는 목적을 도저히 기억해 낼 수 없다는 사실만 깨달았습니다.

갑자기 이상한 기억 상실증에 걸린 것입니다. 그들이 의도적으로 하나님께 불순종했을 때 그 죄의 결과로 갑자기 생긴 병입니다. 그들은 자신이 있는 곳도 정확히 알 수 없었습니다. 하나님이 그들을 어떤 존재가 되고 무엇을 행하게 하려고 창조하셨는지 그 점도 전혀 알 길이 없었습니다.

얼마나 큰 비극입니까! 전능하신 하나님을 반영하기 위한 거울로 창조된 아담과 하와가 하나님의 영광을 박탈당하다니! 하나님의 형상으로 만들어진 아담과 하와는 사실 천사보다 더 하나님의 모습을 닮았습니다. 하나님은 인간을 들여다보시며 자연에 반영된 하나님의 영광보다 더 많은 영광을 그 속에서 보기 위해 인간을 창조하셨습니다. 그런데 그만 그 거울이 희미해지고 더러워졌습니다. 하나님은 죄악 된 인간에게서 자신의 영광을 더 이상 보실 수 없었습니다. 인간은 불순종하여 죄악 된 인간이 되었습니다. 그래서 거룩이라는 아름다움 속에 계시는 창조주를 예배하는 창조 목적을 충족시키지 못했습니다.

죄에 빠져 이 시대를 살아가는 많은 사람은 자기 가정과 사회의 비극에 너무 몰두한 나머지 인간의 타락이라는 이 크고 엄청난 비극을 돌아볼 여유가 없습니다. 그것은 아주 복잡하게 뒤얽힌 비극입니다. 왜냐하면 하나님은 아주 즐겁게 "우리가 우리 형상을 따라 사람을 만들자"고 말씀하셨기 때문입니다(참조. 창 1:26). 그런 다음 몸을 굽혀 진흙을 주우사 인간의 모양을 만들어 그 코에 생기를 불어넣으셨습니다. 이렇게 해서 하나님이 만드신 인간은 산 영이 되었습니다.

그런 다음 창조주 하나님은 인간에게 다른 피조물을 둘러보라고 하며 이렇게 말씀하셨습니다. "이것이 모두 네 것이다. 그리고 나도 네 것이다. 나는 네 얼굴에서 내 영광을 볼 것이다. 그것이 너의 목적이다. 너는 나를 예배하고 나를 영화롭게 하며, 나를 너의 영원한 하나님으로 삼도록 창조되었단다."

그러나 하나님이 잠시 물러가 계신 동안 사탄이라고 하는 뱀, 그 악한 자가 아담과 그의 신부 하와의 마음에 악한 영향을 미쳤습니다. 그래서 아담과 하와는 하나님을 거역하고 죄를 범하게 됩니다. 하나님은 마치 그 비극을 전혀 모르시는 것처럼 아담과 하와 앞에 다시 나타나셔서 "아담아 네가 어디 있느냐?"라고 큰 소리로 부르셨습니다. 자신이 범한 죄를 깨닫고 몹시 부끄러워 숨어 있던 아담이 하나님 앞으로 나왔습니다.

"아담아, 무슨 짓을 했느냐?"

"하나님이 먹지 말라고 금하신 그 나무의 열매를 먹었습니다. 그러나 저를 유혹한 건 바로 저 여자였어요!"

하나님이 여자에게 말씀하셨습니다. "네가 어찌하여 이렇게 하였느냐?" 그러자 여자는 "저를 속인 건 저 뱀이었습니다!"라고 대답했습니다.

그 짧은 시간에 아담과 하와는 자신이 아닌 다른 사람을 비난하는 법을 배운 것입니다. 이는 죄의 배반적인 징표 중 하나입니다. 우리는 이를 인류의 시조인 아담과 하와로부터 직접 배웠습니다. 우리는 자신의 죄와 불법을 인정하지 않고 다른 사람을 비난합니다.

만일 여러분이 본래 하나님이 창조하신 대로가 아니라면, 여러분도 아내나 조상 또는 여러분이 일하는 곳을 비난할 가능성이 많습니다. 또는 항상 부모나 조상을 비난할 수도 있습니다. 아니면 배우자나 자녀를 비난할지도 모릅니다.

죄의 속성이 그렇기 때문에 우리는 오히려 다른 사람을 비난합니다. 비난하고 비난하고 또 비난합니다. 그래서 질병이 우리에게 달라붙어 우리를 사망으로 질질 끌고 가고, 그래서 사고가 발생하며 감옥이 있고 정신 병원이 있으며 무덤이 있습니다. 그렇습니다. 소위 인간의 타락이라는 그 엄청난 비극과 재난 때문에 이 모든 일이 일어납니다.

그럼 이대로 끝났다는 말입니까? 이게 전부라는 말입니까? 아닙니다. 절대 그렇지 않습니다! "우리는 당신을 위해 놀라운 소식을 가지고 있습니다!"가 우리가 온 인류에게 줄 수 있는 답입니다. 바로 우리를 창조하신 하나님이 우리를 포기하지 않으셨다는 좋은 소식입니다. 하나님은 천사들에게 "그들을 생명책에서 다 지워 버리고 내 기억 속에서 완전히 없애 버려라"라고 말씀하시지 않았습니다.

아니, 오히려 이렇게 말씀하셨습니다. "나는 그래도 그들을 원한다! 나는 아직도 그들이 내가 들여다볼 때 나의 영광을 볼 수 있는 거울이 되기 원한다. 나는 아직도 내 백성이 나를 찬양하기 원한다. 내 백성이 나를 즐거워하며 나를 영원히 소유하기 원한다."

그래서 하나님은 성육신이라는 기적을 통해 그분의 독생자를 이 땅에 보내셨습니다. 예수님은 이 땅에 계실 때 하나님의 영광이 되셨습니다. 그분은 하나님 영광의 광채이시며 하나님이 어떤 분이신지 선명히 드러낸 빛이시라고 신약은 말합니다. 하나님은 마리아를 통해 태어난 예수 그리스도를 보실 때 그 안에 반영된 자신의 모습을 보셨습니다.

예수님은 이 땅에 계실 때 사람들에게 "너희가 나를 보면 곧 나의 아버지를 본 것이니라"라고 말씀하셨습니다. 어떤 뜻에서 하신 말씀일까요? 예수님은 이렇게 말씀하신 것입니다. "너희가 나를 볼 때, 너희는 내 안에 반영된 하나님의 영광을 보는 것이다. 나는 나를 보내신 분의 일을 완성하기 위해 왔다."

비록 그 아들이 죽으실 때 하나님의 영광이 심히 손상된 듯 보였지만, 하나님은 그 아들 예수 그리스도 안에서 영광을 받으셨습니다. 죄악 된 인간은 그분의 수염을 뽑고, 그 얼굴을 멍들게 하고, 그 머리털을 모두 쥐어뜯었습니다. 그 이마는 멍들어 크게 부풀었습니다. 그런 다음 그분을 십자가에 못 박았습니다.

예수님은 거기서 여섯 시간 동안 신음하고 땀 흘리며 고초를 당하시다 마침내 숨을 거두셨습니다. 그러자 천국 벨이 요란스럽게 울렸습니다. 이제 잃어버린 자들이 구원을 받을 수 있게 되었기 때문입니다. 죄인을 위한 용서와 사면의 길이 열렸습니다.

예수님은 사흘 만에 죽은 자들 가운데서 살아나셨습니다. 그리고 그 후로 지금까지 하나님 오른편에 앉아 계십니다. 하나님은 그분께로 돌아오는 사람, 그분의 영광을 반영하게 되어 있는 본래의 존재 목적으로 돌아오는 사람을 구속하느라 지금도 계속 바쁘게 일하십니다.

그렇습니다. 인간의 목적은 사랑의 하나님을 예배하는 것입니다. 우리는 그 이유 때문에 태어났고 그 이유 때문에 위로부터 거듭났고, 그것을 위해 창조되고 재창조되었습니다. 예배를 위해 태초에 창조가 있었고 중생이라 불리는 거듭남이 있습니다.

예배는 또한 교회가 존재하는 원인이기도 합니다. 그리스도의 교회는 무엇보다도 하나님을 예배하기 위해 존재합니다. 그 외의 다른 모든 것은 두 번째나 세 번째, 네 번째 혹은 다섯 번째 존재 이유가 되어야 합니다.

여러 세대 전 유럽에 살았던 하나님이 사랑하는 옛 성도, 로렌스 수사(Brother Lawrence)는 임종할 때 기운이 점점 없어지자 주변에 모인 이들에게 이렇게 증언했다고 합니다. "저는 지금 죽어 가는 것이 아닙니다. 단지 제가 지난 40년 동안 해오던 것을 하고 있을 뿐이고, 제가 영원토록 하기로 되어 있는 것을 할 뿐입니다!" "그게 무엇입니까?" 사람들이 묻자 로렌스 수사는 재빨리 대답했습니다. "저는 지금 제가 사랑하는 하나님을 예배하고 있습니다!"

하나님을 예배하는 것, 그것이 로렌스 수사에게는 가장 중요했습니다. 그는 물론 죽어 가고 있었습니다. 그러나 그것은 부차적인 일이었습니다. 그는 자기가 왜 이 세상에 태어났는지 그 이유를 알았습니다. 그리고 자신이 거듭난 것도 알았습니다.

그렇습니다. 로렌스 수사는 지금도 여전히 하나님을 예배하고 있습니다. 그는 죽었으며 사람들이 그의 시신을 어디엔가 묻었습니다. 그러나 그는 하나님의 형상대로 창조된 살아 있는 영혼입니다. 그래서 하나님의 보좌 주변에서 다른 모든 성도와 함께 지금도 여전히 하나님을 예배하고 있습니다.

그런데 오늘날 그토록 많은 사람이 자신이 태어난 이유를 생전에 발견하지 못하다니 참으로 슬픕니다. 저는 이를 볼 때마다 밀턴(Milton)이 아담과 하와가 당한 그 측은한 상실과 외로움을 묘사하며 했던 말이 생각납니다. "에덴동산에서 쫓겨난 그들은 서로 손을 잡고 골짜기를 통과해 자기들의 고독한 길을 갔다."

고린도전서 3장 16-23절

너희는 너희가 하나님의 성전인 것과
하나님의 성령이 너희 안에 계시는 것을 알지 못하느냐
누구든지 하나님의 성전을 더럽히면 하나님이 그 사람을 멸하시리라
하나님의 성전은 거룩하니 너희도 그러하니라
아무도 자신을 속이지 말라
너희 중에 누구든지 이 세상에서 지혜 있는 줄로 생각하거든
어리석은 자가 되라 그리하여야 지혜로운 자가 되리라
이 세상 지혜는 하나님께 어리석은 것이니
기록된 바 하나님은 지혜 있는 자들로 하여금
자기 꾀에 빠지게 하시는 이라 하였고
또 주께서 지혜 있는 자들의 생각을 헛것으로 아신다 하셨느니라
그런즉 누구든지 사람을 자랑하지 말라 만물이 다 너희 것임이라
바울이나 아볼로나 게바나 세계나
생명이나 사망이나 지금 것이나 장래 것이나 다 너희의 것이요
너희는 그리스도의 것이요 그리스도는 하나님의 것이니라

WHATEVER HAPPENED TO WORSHIP?

05

예배의 대상은
오직 하나님뿐입니다

A.W. TOZER

지금은 과학 기술 문명이 최고로 발달한 때입니다. 그래서 예배의 개념 속에도 '하나님의 영원성'이라는 차원 높은 견해가 '지금 여기서'라는 단기적인 개념으로 대체되고 있습니다.

저는 그동안 하나님의 말씀을 전하는 사역을 해오면서 진정한 과학과는 어떤 논쟁도 벌이지 않았습니다. 제가 의심의 목소리를 높인 것은 결국 가짜 과학으로 판명되고 마는 그런 견해들, 일반적으로 하나님을 그분이 만드신 우주 밖으로 집어던지려 애쓰는 견해에 대해서였습니다. 저는 우리의 영원한 생명에 관심이 없는 그런 하나님은 절대 예배할 수 없습니다.

과학이 우리에게 줄 수 있는 대답은 단기적인 대답들입니다. 물론 과학자가 우리의 생명을 몇 년 연장시켜 줄 수도 있습니다. 그러나 하나님을 믿는 그리스도인은 아인슈타인(Einstein)도 몰랐던 일들을 알고 있습니다.

예를 들어 우리는 우리가 왜 여기 있으며 왜 태어났는지 그 이유를 압니다. 또 우리가 영원한 것의 가치를 믿고 있음을 압니다. 저도 한때는 4차원과 같은 것에 대한 이론을 읽어 보려고 애썼던 적이 있습니다. 비록 몇 년 전에 이해하려는 노력을 포기했지만 말입니다.

저는 절대 과학을 반대하지 않습니다. 그리고 사물의 이치를 발견하고 사물 간의 관계와 상호 작용을 알아보려는 과학의 주장도 전혀 반대하지 않습니다. 저는 지금 무턱대고 과학자에게 반박하려는 것이 아닙니다. 다만 과학자는 자기 분야인 과학에 머물러 있고 저는 제 분야에 머무르는 편이 좋겠다고 말하는 것입니다. 저도 다른 사람과 마찬가지로 과학적인 연구 조사 결과, 우리가 그동안 누리게 된 혜택에 대해 기뻐하며 감사합니다. 그리고 사실 과학자가 속히 심장 질환 치료법을 발견해 주었으면 하는 바람도 있습니다. 그동안 심장마비로 갑자기 세상을 떠난 좋은 친구들이 아주 많았기 때문이죠.

그러나 우리의 육체에 관한 단기적 문제와 성도가 하나님과 맺는 영원한 관계는 다른 문제입니다. 두 관계가 어떻게 다른지 이제부터 말씀드리겠습니다.

만일 여러분이 디프테리아(diphtheria)에 걸린 어떤 아기를 구해 주었는데, 그 아기가 자라 십 대가 되었을 때 천연두에 걸려서 다시 구해 주고, 오십 대 때 심장마비로 쓰러진 것을 또다시 구해 주었다고 합시다. 여러분은 과연 무슨 일을 한 걸까요?

그 사람이 구십 세가 되었는데도 여전히 하나님을 모른 채 살고 있다면, 자기가 왜 태어났는지 그 이유도 모르는 채 살고 있다면, 여러분은 단순히 진흙탕에 사는 거북이의 생명을 연장한 데 불과합니다. 생전 하나님도 발견하지 못하고 중생도 못한 그 사람은 단지 네 발 대신 두 발을 가지고 있을 뿐 딱딱한 껍질과 꼬리를 갖지 않은 거북이와 같습니다. 왜냐하면 아직도 인생이 무엇인지 전혀 모르고 있기 때문입니다.

저는 장기적이며 영원한 문제를 다루시는 모든 은혜의 하나님이 주신 한 가지 약속을 발견하여 얼마나 감사한지 모릅니다.

저는 성경에 계시된 진리를 믿는 아주 단순하고 평범한 사람 중 하나입니다. 이 평범한 사람들은 하나님이 태초에 하늘과 땅을 지으시고 그 안에 있는 모든 것을 만드셨다고 믿습니다.

우리는 하나님이 인간을 자신의 형상대로 지으시고 인간에게 생기를 불어넣으신 다음 "자, 이제 내 앞에서 살며 나를 예배해라. 그것이 너의 주된 목적이기 때문이다. 생육하고 번성하여 온 땅이 예배자로 충만케 해라"라고 말씀하셨다고 믿습니다.

그렇습니다. 이 평범한 사람들, 이 믿음의 사람들은 이렇게 말할 것입니다. 하나님은 인간이 즐길 수 있도록 꽃들도 아름답게 만들어 주시고 새들도 노래하게 하셨다고.

물론 이와 전적으로 다른 견해를 가진 과학자는 절대 그 사실을 용납하지 않겠지만 말입니다. 과학자는 새가 전혀 다른 이유, 즉 "노래하는 새는 수컷인데, 단지 암컷을 유인해서 함께 둥지를 틀고 번식하기 위해 노래할 뿐이다. 그건 순전히 생리적인 이유에서다"라고 주장할 것입니다.

저는 바로 이 시점에서 그 과학자에게 다음과 같은 질문을 던지고 싶습니다.

"그럼 왜 새는 단지 빽빽 울거나 신음을 내거나 아니면 꾸르르 소리를 내지 않을까요? 구태여 하프를 켜듯 그렇게 아름다운 소리를 내며 지저귀고 노래해야 할 이유가 무엇입니까?"

제가 생각하기에 그 이유는 간단합니다. 하나님이 새를 그렇게 만드셨기 때문입니다. 만일 제가 수컷 새로서 암컷을 유인하고 싶다면, 저는 재주넘기를 하든지 다른 묘기를 부려 유인할 수도 있을 것입니다. 그런데 왜 수컷 새는 그처럼 아름다운 소리로 노래를 부를까요?

새를 만드신 하나님이 우주의 악장(樂匠)이시기 때문입니다. 하나님은 온 우주의 작곡가입니다. 그분은 새의 그 작은 목 안에 하프를 만드시고 그 몸에 깃털을 달아 주신 다음 "가서 노래하거라"라고 말씀하셨습니다.

감사하게도 새들은 하나님의 말씀에 순종해서 창조된 이래 지금까지 하나님을 찬양하며 노래하고 있습니다. 이렇게 말하면 과학자는 "아니요, 절대 그렇지 않소!"라고 항변할지 모릅니다. 그러나 저는 그렇다고 생각합니다. 그리고 성경 역시 그렇다고 선언합니다. "하나님이 모든 것을 지으시되 때를 따라 아름답게 하셨고"(전 3:11).

하나님은 또 인류를 위해 실과를 맺으라고 열매 맺는 나무를 만드셨습니다. 그러나 과학자는 어깨를 으쓱하며 이렇게 말할 것입니다. "물론 나무들은 열매를 맺지요. 그래야 씨가 생기고 다시 열매를 맺으니까요."

이에 대해 우리는 이렇게 반문할 권리가 있습니다. "만일 누군가에게 복이나 도움을 주려는 목적 없이 단지 열매를 다시 맺는 것이 전부라면 나무가 굳이 열매를 맺을 필요가 있습니까?" 하나님은 나무를 만드신 다음 인류에게 "그것을 즐기라"라고 말씀하셨습니다. 하나님은 또 인간이 옷을 지어 입을 수 있도록 들짐승을 만드셨습니다. 털 가진 양을 만드셔서 우리가 그 털을 깎아 따뜻한 스웨터나 외투를 만들어 입게 하셨습니다. 하나님은 작은 누에를 만드시고 누에가 고치를 짤 수 있도록 뽕나무 잎을 양식으로 제공하셨습니다. 그리고 인간은 누에고치를 풀어 우리가 그토록 감탄하며 좋아하는 아름다운 실크 만드는 법을 발견했습니다.

오, 하나님이 우리에게 즐기라고 주신 이 모든 것(각자 자신의 목적을 가지고 있는)에 대해 하나님이 말씀하신 바를 믿는 편이 훨씬 더 즐겁고 만족스럽습니다. 실제로 세상에서 가장 위대한 사람은 하나님을 가장 많이 아는 사람입니다. 정말 현자라는 말을 들을 만한 사람은, 창조와 생명과 영원에 관한 답이 과학적인 답이 아니라 신학적인 답이라는 사실을 깨닫는 사람입니다.

우리는 하나님에게서 출발해야 합니다. 그러면 모든 것을 적절한 관계 속에서 이해하기 시작할 것입니다. 하나님에게서 출발하면 만물이 다 제자리에 들어맞게 되어 있습니다.

제가 지금부터 하는 말을 여러분이 이해하실 수도 있겠지만, 아무튼 그동안 상당수 복음주의 그리스도인이 좀 나쁜 습관을 갖게 되었는데, 바로 우리가 '학식 있는 사람'이라고 간주하는 이들에게 부여되는 학위와 영예의 영향을 필요 이상으로 받는다는 것입니다.

우리는 이제 지적인 지식과 업적에 필요 이상의 경의를 표하는 태도를 버려야 합니다. 우리 그리스도인도 물론 연구와 리서치를 존중합니다. 정식 교육을 받기 위해 소요되는 그 오랜 시간도 인정합니다. 그러나 우리는 항상 하나님의 지혜와 하나님의 훈계를 명심해야 합니다.

우리가 어느 분야에서 얼마나 많은 교육과 훈련을 받든, 우리는 여기서 조금, 저기서 조금 하는 식으로 진리의 단편만 배웠다는 사실을 발견하게 됩니다. 인간이 아무리 애를 쓴다 해도 모든 진리를 다 깨달을 수는 없습니다.

그러나 불과 며칠 전에 하나님 나라에 들어온 가장 미천한 그리스도인일지라도 진리의 중심에 있는 많은 기이한 일을 배워서 알 수 있습니다.

그런 신자는 하나님을 안다고 고백할 수 있습니다. 하나님을 아는 것은 이 세상 모든 교사로부터 배우는 것보다 더 많이 배우고 깨달을 수 있는 능력입니다. 가르치는 교사들이 하나님을 신뢰하지 않을 경우, 그들은 밖에서 가리어진 안을 들여다보고 있는 셈이기 때문입니다.

여기에는 기적이 따릅니다. 겨우 며칠 전에는 잃어버린 바 되어 용서받지 못한 죄인이던 새신자가 이제는 그 은혜로 인해 예수 그리스도를 믿음으로 말미암아 하나님의 자녀가 되어 안에서 밖을 내다보고 있습니다!

우리는 세상 지식에 능한 사람들이 이룬 그 많은 업적을 절대 경시하지 않습니다. 그러나 이 세상을 위해 공부하고 수고하는 것만으로는 충분하지 않습니다. 열쇠는 하나님입니다. 그분은 우리의 모든 노력 한가운데 계십니다. 믿음을 통해 하나님이라 불리는 열쇠를 가질 때, 모든 문들은 마침내 반드시 열리게 되어 있습니다.

만일 우리가 생명에 대해 지속적이요 만족스러운 이해를 갖고 있다면, 그것은 분명 하나님이 주신 것입니다. 그런 이해는 우주를 떠받치는 큰 중심 기둥이신 하나님이 자신을 친히 우리에게 계시해 주신다는 고백과 함께 시작됩니다. 그것을 믿으면 계속해서 우리가 하나님을 통해 그분의 위대하고 영원한 목적을 발견하게 되었다는 사실을 깨닫게 됩니다.

하나님은 그분의 형상대로 우리를 남자와 여자로 만드셨습니다. 그리고 이제 하나님을 사랑하고 영원히 예배하게 하시려고 그분의 구속 계획에 따라 우리를 구속하고 회복시켜 주셨습니다. 하나님은 이렇게 말씀하셨습니다. "나는 내 형상대로 인간을 만들었다. 그리고 인간을 다른 모든 피조물 위에 두었다. 인간은 이 땅의 모든 짐승과 공중의 새와 바다의 물고기보다 높이 들려야 한다. 구속된 인간은 심지어 하늘의 천사보다 더 높이 들려야 한다. 그는 죄를 용서받고 아무 부끄러움 없이 내 존전으로 들어올 것이다. 그는 나를 예배하며 온 세대가 지나는 동안 내 얼굴을 쳐다보게 될 것이다."

하나님만이 확실한 기초입니다. 하나님을 믿는 백성은 이 확신의 기쁨을 갖고 있습니다. 저는 열일곱 살 때 회심하면서 성도의 반열에 끼게 되었습니다. 그때까지 저는 사랑이라든가 소망이라든가 신뢰라든가 하나님에 대한 신앙에 전혀 아는 바가 없었습니다.

오늘도 그때의 저처럼 잃어버린 바 된 사람이 수백만 명이나 있습니다. 그들은 여전히 하나님을 모른 채 인생에 대해 혼동하고 있으며 천국에 대해서도 아는 바가 없습니다.

이 이야기를 믿고 받아들이는 신자가 곧 하나님의 백성인 성도입니다. 그들은 세상에 대해 단순하지만 과학자가 가진 것보다 훨씬 더 아름다운 견해를 갖고 있습니다. 이는 다음과 같이 아주 간단합니다.

"우리는 우리가 무엇을 믿는지 확실하게 알고 있다. 우리는 하나님을 예배하고 즐거워하기 위해 이 세상에 있는 것을 안다. 하나님이 그분을 사랑하는 자를 위해 영원토록 무엇을 하려고 준비하고 계신지 알고 있다."

이처럼 그들은 아주 중요하고 원대한 것을 압니다. 이것은 이 현세와 관련된 지식 창고에서 해답을 얻으려고 애쓰는 사람에게는 감추어진 것입니다.

오늘날 이 세상에서 믿음도 없고 하나님도 모르며 소망도 없이 사는 보통 사람은 평생 절망적인 탐구를 합니다. 그는 자기가 어디 있는지 모릅니다. 자기가 지금 여기서 무엇을 하고 있는지 모릅니다. 자기가 어디로 가고 있는지도 모릅니다.

그중에서도 가장 슬픈 사실은 그 사람이 이 전부를 빌린 시간과 빌린 돈과 빌린 힘으로 하고 있다는 것입니다. 그리고 그는 자기가 종국에는 분명 죽으리라는 사실을 이미 알고 있습니다!

그래서 결국 많은 사람이 당황하여 "우리는 어디에선가 하나님을 잃어버렸다"라고 고백합니다.

하나님을 잃어버렸을 때 사람들은 어떻게 합니까? 예배할 다른 대상을 찾느라 아주 분주해집니다. 이렇게 해서 다른 어느 피조물보다 하나님을 더 닮아야 할 인간이 다른 어느 피조물보다 하나님을 덜 닮게 되는 것입니다.

하나님의 영광을 나타내기 위해 창조된 인간이 오직 자신의 죄성만 드러내며 자기 동굴 속으로 슬그머니 들어가 버립니다. 그 영혼으로 하나님을 예배하고 찬양하며 그분의 영광을 노래하게 되어 있는 인간이 이제는 자기 동굴 속에서 시무룩하게 침묵하고 있으니, 이야말로 이 세상의 모든 비극 중 가장 큰 비극이라 하겠습니다.

이제 그의 가슴속에 있던 사랑도 없어졌습니다. 그의 마음속에 있던 빛도 꺼졌습니다. 하나님을 잃어버린 그는 눈이 멀어 어두운 세상을 비틀거리며 걸어갑니다. 그러다 결국에는 무덤에 들어가겠지요.

어느 라디오 인터뷰에서 아주 훌륭하고 유명한 캐나다의 한 저자가 세상의 모습에 대해 다음과 같은 아주 예리한 질문을 받앉습니다. "선생님은 우리가 현 사회 문명 속에서 만드는 오류 중 가장 위급한 오류가 무엇이라고 생각하십니까?"

그는 재빨리 이렇게 대답했습니다. "우리가 저지르고 있는 가장 큰 실수는 우리 인간이 전능하신 하나님의 총애를 받는 특별한 존재라고 생각하는 것, 우리는 이 세상의 다른 것보다 더 중요하며 하나님은 우리를 그의 백성으로서 특별히 좋아하신다고 믿는 웃기는 신념입니다." 원 세상에! 본래 하나님이 창조하신 인간은 하나님의 사랑을 받는 존재입니다. 인간은 전 우주의 사랑을 받는 존재입니다.

저는 예수 그리스도께서 저의 구세주가 되기 위해 이 땅에 오셨다고 배운 이래 지금까지 제 인생의 기초를 성경에 있는 하나님의 계시에 두었습니다. 지성이 아무리 뛰어난 사람이라 해도, 그는 하나님의 일에 관한 한 저를 건드리지 못합니다. 그가 아무리 제 말에 반대하고 세상적인 결론을 던진다 해도 저는 끄떡없습니다.

사실 불신과 믿음, 절망과 확신, 인간의 견해와 하나님의 견해 사이에 있는 차이점들은 신자가 죽음에 직면할 때야 비로소 깨닫게 되는 경우가 많습니다.

존 웨슬리는 임종 시에 찬양하려고 애썼지만 그 목소리가 거의 들리지 않았다고 합니다. 당시 그는 90세에 가까운 고령이었습니다. 그는 평생 말을 타고 수십만 킬로미터를 여행하며 하루 서너 번씩 설교했던 사람입니다. 그리고 신학적으로는 아르미니우스주의자였습니다. 그러나 그리스도인인 그의 가족과 친구들이 침상 주변에 모여들자, 그는 칼빈주의자가 지은 다음과 같은 찬송가를 부르려고 애썼다고 합니다.

호흡이 있는 동안 나의 창조주를 찬양하리라
죽음이 찾아와 더 이상 소리 낼 수 없을 때는
내 영혼으로 나의 주를 찬양하리

그래서 저는 그 문제에 관해 신학적으로 이것이 맞다, 저것이 맞다 하며 괜히 흥분하고 싶지 않습니다. 만일 칼빈주의자인 아이작 왓츠가 하나님을 찬양하는 그런 곡을 지을 수 있었고, 아르미니우스주의자인 존 웨슬리가 그 찬송을 간절히 사모하며 부를 수 있었다면, 그래서 그 두 사람이 영광 중에 서로 만나 포옹할 수 있다면, 제가 그 문제에 관해 신학적으로 어느 쪽을 지지하는지 굳이 표명해야 할 이유가 무엇입니까? 그런 문제로 다른 사람한테 괴로움을 당해야 할 이유가 무엇입니까?

저는 하나님을 예배하고 찬양하기 위해 창조되었으며, 하나님을 예배하고 그분을 영원히 즐거워하기 위해 구속되었습니다.

형제자매여, 이것이 가장 중요한 문제입니다. 우리가 사람들에게 회개하고 예수 그리스도를 구주와 주님으로 영접하라고 간절히 청하는 이유도 바로 이 때문입니다.

하나님은 단순히 마음의 평안을 얻거나 보다 나은 실업가가 되라고 여러분을 그리스도께 오도록 초청하고 계신 것이 아닙니다. 여러분은 하나님을 예배하기 위해 창조된 사람입니다. 하나님은 여러분이 그분의 구속을 받아 그분을 예배하고 찬양하게 되기를 원하십니다.

이사야 6장 1-8절

웃시야 왕이 죽던 해에 내가 본즉

주께서 높이 들린 보좌에 앉으셨는데 그의 옷자락은 성전에 가득하였고

스랍들이 모시고 섰는데 각기 여섯 날개가 있어

그 둘로는 자기의 얼굴을 가리었고 그 둘로는 자기의 발을 가리었고 그 둘로는 날며

서로 불러 이르되 거룩하다 거룩하다 거룩하다

만군의 여호와여 그의 영광이 온 땅에 충만하도다 하더라

이같이 화답하는 자의 소리로 말미암아

문지방의 터가 요동하며 성전에 연기가 충만한지라

그 때에 내가 말하되 화로다 나여 망하게 되었도다

나는 입술이 부정한 사람이요 나는 입술이 부정한 백성 중에 거주하면서

만군의 여호와이신 왕을 뵈었음이로다 하였더라

그 때에 그 스랍 중의 하나가 부젓가락으로

제단에서 집은 바 핀 숯을 손에 가지고 내게로 날아와서

그것을 내 입술에 대며 이르되

보라 이것이 네 입에 닿았으니 네 악이 제하여졌고 네 죄가 사하여졌느니라 하더라

내가 또 주의 목소리를 들으니 주께서 이르시되

내가 누구를 보내며 누가 우리를 위하여 갈꼬 하시니

그 때에 내가 이르되 내가 여기 있나이다 나를 보내소서 하였더니

WHATEVER HAPPENED TO WORSHIP?

06

진짜 예배자는
하나님을 경외합니다

A.W. TOZER

지금까지 해를 거듭해 오면서 저는 소위 교육을 받았다는 지적인 사람들이 "제가 어떻게 하나님을 발견했는지 말씀드리죠"라고 하는 말을 꽤 자주 듣습니다.

이런 사람이 하나님을 발견한 후 정말 겸손하게 하나님을 경배하며 예배드리는지는 잘 모르겠습니다. 그러나 하나님이 사랑과 은혜 가운데 자신을 우리에게 계시해 주시지 않았다면, 우리는 지금 모두 큰 곤란에 빠져 있을 것이며, 아직도 하나님으로부터 멀리 떨어져 있을 것입니다.

많은 사람이 자신의 지성으로 하나님을 파악할 수 있다(하나님을 이해하고 그분과 친밀하게 이야기할 수 있다)는 희망을 계속 품고 있습니다. 이를 생각할 때 저는 화도 나지만 슬프기도 합니다. 만약에 지적인 능력으로 하나님을 '발견'할 수 있다면, 그것은 곧 그들이 하나님과 동등한 존재라고 말하는 셈입니다. 이 사실을 그들이 언제 깨닫게 될까요? 하나님을 발견한다는 것이 무엇인지 이사야 선지자의 글을 한번 봅시다.

> "웃시야 왕이 죽던 해에 내가 본즉
> 주께서 높이 들린 보좌에 앉으셨는데
> 그의 옷자락은 성전에 가득하였고"(사 6:1).

여기서 이사야 선지자가 본 장면은 이전에 본 것과 전혀 다릅니다. 이사야는 그때까지 하나님이 창조하신 선한 것들에 대해서는 잘 알았지만, 창조되지 않은 그분의 임재에 대해서는 전혀 알지 못했습니다. 이사야에게 하나님인 것과 하나님이 아닌 것 사이에는 도저히 말로 표현할 수 없을 만큼 큰 차이가 있습니다.

하나님이 인간에게 자신을 각별히 계시하고 계셨습니다. 이사야는 자신의 지성이라는 수단을 가지고 언제까지나 하나님께 닿기 위해 노력할 수도 있었습니다. 물론 성공하지 못했겠지만 말입니다. 우리는 전 세계에 축적된 모든 지력을 다 가지고서도 하나님께 이를 수 없습니다.

그러나 살아 계신 하나님은 자원하는 심령에게 단 1초 만에 자신을 계시해 주십니다. 그때에야 비로소 인간(이사야든 다른 사람이든)은 겸손하지만 확신 있게 "나는 그분을 안다"라고 말할 수 있습니다.

인간과는 달리 하나님은 절대 목적 없는 행동을 하시지 않습니다. 여기서 하나님은 영원한 목적을 위해 자신을 이사야에게 계시하고 계십니다. 이사야는 우리에게 진실한 기록을 남겨 주려고 노력했지만, 그때의 실제 정황은 이사야가 쓴 내용보다 훨씬 더 장엄했을 것입니다. 하나님은 인간의 생각을 훨씬 뛰어넘는 분이시기 때문입니다. 여기서 이사야는 전에는 보좌에 앉아 계신 여호와를 뵌 적이 한 번도 없다고 고백하고 있습니다.

이사야가 쓴 글을 보고 현대 비판가는 신인동형론(하나님을 인간의 속성에 빗대서 표현하는 일)의 위험을 경고합니다. 그러나 저는 이런 거창한 말을 두려워하지 않습니다. 그들이 부르고 싶은 대로 부르게 내버려두십시오. 그들이 뭐라고 하든 저는 여전히 여호와께서 주권과 위엄을 갖추고 보좌에 앉아 계시다는 사실을 믿습니다. 또 하나님이 창세전에 예수 그리스도 안에서 뜻하셨던 목적에 따라 마침내 모든 사건을 결정하실 보좌에 앉아 계시다고 믿습니다.

우리가 예배를 다루고 있으니, 하나님의 보좌를 두른 천국의 피조물인 스랍의 기쁨과 즐거움을 한번 살펴보겠습니다. 이것이 이사야의 기록입니다.

"스랍들이 모시고 섰는데 각기 여섯 날개가 있어

그 둘로는 자기의 얼굴을 가리었고

그 둘로는 자기의 발을 가리었고

그 둘로는 날며

서로 불러 이르되

거룩하다 거룩하다 거룩하다 만군의 여호와여

그의 영광이 온 땅에 충만하도다 하더라"(사 6:2-3).

우리는 스랍에 대해 거의 아는 바가 없습니다. 그러나 그들이 하나님을 찬양하며 예배드리는 태도에 저는 아주 깊은 감명을 받았습니다. 그들은 보좌 가까이에서 지고하신 하나님을 향해 기쁨 넘치는 사랑으로 타오릅니다. 그들은 온 힘을 다해 "거룩하다, 거룩하다, 거룩하다!"라고 찬양하고 있습니다.

저는 종종 궁금하게 생각했는데, 옛날의 성도나 랍비, 찬송가 작시자는 왜 "거룩하다, 거룩하다, 거룩하다"라고 부른 스랍들의 찬양에서 삼위일체 교리를 깨닫지 못했을까요? 저는 삼위일체 교리를 믿는 사람입니다. 저는 전능하신 아버지요, 온 하늘과 땅을 지으신 한 하나님을 믿습니다. 만세 전부터 계신 하나님 아버지의 독생자이며 유일한 주 예수 그리스도를 믿습니다. 성부와 성자와 함께 예배를 받으시고 영광을 받으실 주요, 생명을 주시는 분인 성령님을 믿습니다.

스랍들이 하나님을 예배하는 이 광경은 아주 인상적입니다. 성경을 읽으면 읽을수록 삼위일체 하나님이 더욱 굳게 믿어집니다. 이사야 선지자의 이상 가운데 그 스랍들은 삼위일체의 두 번째 위격이신 영원한 성자께서 우리 가운데 거하려고 이 땅에 오시기 800년 전에 이미 삼위일체 하나님을 찬양했습니다. 그때 그들은 "거룩하다, 거룩하다, 거룩하다!"라고 찬양했는데, 오늘날을 사는 우리도 예배드릴 때 이렇게 해야 합니다.

제가 보기에 하나님의 거룩한 속성을 좀 불편해하는 그리스도인이 많은 것 같습니다. 저는 그들이 과연 어떤 형편의 예배를 하나님께 드릴지 자못 궁금합니다. 여기 나오는 "거룩하다"라는 단어는 단순히 '하나님이 거룩하시다'라고 말할 때 쓰는 그 형용사가 아닙니다. 이는 무아지경에 빠져 삼위일체 하나님께 영광을 돌려드리며 하는 말입니다. 우리가 이 말의 의미를 정말 알 수 있을지 확신은 서지 않지만 그래도 한번 그 정의를 내려 보는 것이 좋겠습니다.

도덕적으로 완전히 깨끗하다는 말은 오직 하나님께만 해당됩니다. 인간이 지닌 선해 보이는 것은 모두 무시해야 합니다. 왜냐하면 우리는 인간이기 때문입니다. 우리 중에 도덕적으로 깨끗한 사람은 하나도 없습니다. 아브라함, 다윗, 엘리야, 모세, 베드로, 바울, 이들은 모두 선한 사람들로서 하나님과 교제를 나누었습니다. 그러나 모두 아담의 후예로서 인간적인 결함과 약점을 가지고 있었고, 모두 겸허하게 회개해야 했습니다.

하나님은 우리의 마음과 뜻을 다 통찰하시기에, 그분을 믿는 진지한 자녀를 회복하실 수 있습니다. 거룩하신 하나님과 계속 교제를 나눌 때 우리의 문제점은 그리스도인 대다수가 단순히 자기가 행한 일에 대해서만 회개할 뿐, 자신이 어떤 존재인지 대해 회개하지 않는다는 사실입니다.

이사야는 도덕적으로 깨끗하신 하나님의 임재 앞에서 자신이 철저하게 부정한 존재임을 깨달았습니다. 이사야가 그렇다면 우리가 드리는 예배는 과연 어떨지 생각해 보아야 합니다. 당시 이사야는 아주 훌륭한 청년이었습니다. 그는 하나님을 믿으며 교양도 있는 데다 또 웃시야왕의 조카였습니다. 그는 어느 교회에서든 아주 훌륭한 집사 노릇을 했을 것입니다. 그런데 여기 보니 이사야가 깜짝 놀라고 있습니다. 갑자기 그의 세계가 온통 광대하고 영원한 빛 가운데로 녹아들었고 그는 경외심에 사로잡혀 멍해졌습니다. "내 눈이 만군의 여호와이신 왕을 뵈었다"라는 말만 간신히 하고 있을 뿐입니다.

우리가 예배드릴 때 하나님을 제대로 이해하고 음미할 수 있으려면, "거룩하다 거룩하다"라는 말의 정의 속에 '신비'의 여지가 남아 있어야 합니다. 여러 교파나 기독교 단체를 보면 마치 우리가 품었을지 모를 모든 질문에 답할 수 있을 만큼 하나님의 일에 관해 아주 많은 일을 아는 지도자가 있습니다.

우리는 어떤 질문에 대해서든 가능한 한 최대한으로 도움이 될 만한 답변을 주고 싶어 합니다. 그러나 하나님 나라 전체에는 거룩한 신비가 있습니다. 이 신비는 과학자가 자연계에서 발견하는 그런 신비보다 훨씬 더 깊습니다.

하나님을 전부 아는 척하는 사람이 있습니다. 그들은 마치 자기가 하나님과 하나님의 창조, 하나님의 생각, 하나님의 심판에 대해 모두 설명할 수 있다는 양 행동합니다. 복음주의적 합리주의자라고 할 수 있는 그들은 생명과 예배로부터 신비의 요소를 빼 버리더니 결국에는 하나님마저 빼 버렸습니다.

오늘날 하나님에 대해 "모든 것을 다 안다"라는 식의 태도를 취하는 교사들이 있는데, 그들은 그런 태도로 인해 곤란한 입장에 처했습니다. 그들은 자신과 조금이라도 입장이 다른 사람은 누구든지 가차 없이 비판하고 정죄하기 때문입니다.

우리의 약삭빠름과 입심 좋음과 유창함은 다만 우리 영혼에 하나님에 대한 경이감과 침묵 가운데 "오, 하나님, 하나님은 아십니다"라고 속삭이게 하는 그런 경외심이 결여되었다는 사실만 드러낼 뿐입니다. 이사야 6장을 보면 사람이 하나님의 임재라는 신비 앞에서 어떻게 되는지 정확히 알 수 있습니다. 이사야는 하나님의 힘이 다 빠진 채 간신히 "나는 부정한 입술을 가진 자로다!"라고 겸손히 고백할 수밖에 없었습니다.

여기서 이사야는 '무언가 낯선 것', 하나님의 인격의 신비 같은 것을 인식했다고 말씀드리고 싶습니다. 이사야는 그분의 임재에서 농담이나 약삭빠른 냉소주의나 인간적인 친밀함 같은 것을 전혀 발견할 수 없었습니다. 다만 죄악 되며 세상적이요 오만한 인간에게는 알려지지 않은 미지의 존재를 발견했을 뿐입니다. 이사야가 느낀 그런 의식을 경험한 사람은 하나님을 가리켜 '저 윗집에 계신 분' 같은 농담을 절대 하지 못할 것입니다.

회심하여 그리스도를 믿는다고 하면서도 여전히 클럽을 전전하는 한 여배우가 누군가에게 이렇게 말했다고 합니다. "당신도 하나님을 알아야만 해요. 하나님은 진짜 끝내줘요!" 저는 또 어디선가 "하나님은 아주 괜찮은 친구"라고 말한 글을 읽은 적이 있는데 저는 이런 말을 듣거나 읽을 때면, 큰 아픔을 느낍니다. 형제자매 여러분, 우리 하나님께는 우리와 다른 무언가, 우리가 미치지 못하는 무언가, 우리보다 높은 무언가가 있습니다. 즉 하나님은 우리를 초월하십니다. 따라서 우리는 마음 문을 활짝 열고 겸손히 "하나님, 제게 하나님 자신을 비추어 주사 하나님을 바로 이해하게 하소서. 그렇지 않으면 제가 하나님을 발견할 길이 없습니다"라고 간청해야 합니다.

하나님 안에는 신비함, 즉 생소함이 있습니다. 우리 하나님은 우리가 그리스도인이 되었을 때 영혼 없이 행동하기를 원하지 않으십니다. 그분은 우리가 우리 영혼을 하나님이라는 그 신비를 향해 활짝 열어 놓기를 바라십니다. 저는 진짜 그리스도인은 살아 있는 신비가 되어야 한다고 생각합니다. 진짜 그리스도인은 분명 살아 있는 기적이기 때문입니다. 그리스도인의 일상생활과 습관은 성령님의 인도와 능력을 통해 이루어지기 때문에 설명이 곤란합니다. 그리스도인은 심리학을 초월하는(모든 자연법을 초월해 영적인 법에 속한) 한 요소를 소유해야 합니다. 하나님은 소멸하는 불이십니다. 살아 계신 하나님의 손안에 빠져드는 것은 아주 무서운 일입니다.

여러분, 에스겔 1장을 기억하십니까? 하늘 문이 열리고 낙담한 에스겔 선지자가 하나님의 이상을 봅니다. 그는 불 가운데서 네 얼굴을 가진 생물의 형상이 나타났다고 증언했습니다. 저는 우리 그리스도인이 불 가운데서 나온 사람처럼 증언하며 사역해야 한다고 생각합니다. 우리 하나님은 거룩하시기 때문에 죄를 극도로 증오하십니다. 하나님은 죄에 대해 영원토록 진노하실 뿐입니다. 이사야는 다른 구절에서 이렇게 질문했습니다. "우리 중에 누가 삼키는 불과 함께 거하겠으며 우리 중에 누가 영영히 타는 것과 함께 거하리요"(사 33:14).

여기서 이사야는 하나님으로부터 분리될 사람들을 생각하는 것이 아니라 하나님을 위해 살고 하나님과 함께 거할 동료 신자를 생각하고 있습니다. 그는 자신이 던진 질문에 다음과 같이 답합니다. "오직 공의롭게 행하는 자, 정직히 말하는 자, … 그는 높은 곳에 거하리니"(15-16절).

구세군은 '보혈과 불'이라는 말을 항상 슬로건으로 내세우는데, 하나님의 일에 있어서는 저도 그 말에 동의합니다. 우리는 그리스도의 보혈로 인해 죄 씻음을 받습니다. 그리고 하나님이 하시는 일은 종종 거룩한 불과 관계가 있습니다. 세례 요한은 그리스도께서 오시리라 전하며 이렇게 말했습니다. "나는 너희로 회개하게 하기 위하여 물로 세례를 베풀거니와 … 그는 성령과 불로 너희에게 세례를 베푸실 것이요"(마 3:11).

이사야 선지자가 "나는 부정한 자로다!"라고 부르짖었을 때, 그것은 고통의 부르짖음이었습니다. 자신이 깨끗하지 못하다는 것을 깨달은 데서 나온 울부짖음이었습니다. 그는 창조주의 거룩하심 앞에서 파멸당할 수밖에 없는 자신의 모습을 발견한 것입니다.

사람이 진짜로 회심하면 어떤 일이 일어날까요? 사람이 중생하면 그 기분이 어떨까요? 정말 괴롭고 고통스러워 울부짖을 수밖에 없을 것입니다.

회심에는 위로부터의 거듭남과 안으로부터의 거듭남이 있어야 합니다. 거룩 거룩 거룩하신 하나님과 극도로 대조적인 우리 자신의 모습을 보며 두려움에 떠는 모습이 있어야 합니다. 우리가 죄인임을 깨닫게 되는 이런 고통의 자리에 들어가 보지 않는 한, 우리의 회개가 과연 얼마나 깊고 참될지 의심스럽습니다.

오늘날 우리가 이사야만큼 깨끗하냐 그렇지 않으냐 하는 것은 문제가 아닙니다. 문제는 이사야가 자신의 부정함을 깨달았듯이 우리도 자신의 부정함을 깨닫고 있느냐는 것입니다. 그는 부정했습니다. 그리고 감사하게도 이를 깨달았습니다. 그러나 오늘날 세상은 부정하지만 우리는 그 점을 거의 의식하지 못합니다. 부정하면서 끝까지 그 부정을 깨닫지 못한다면 정말 끔찍한 결과를 초래할 것입니다. 그것이 바로 우리가 범하는 잘못입니다. 우리의 문제는 성도라 불리는 사람들, 스스로 위대한 영혼이라 주장하는 사람들 가운데서 여전히 죄의 잔재가 발견된다는 사실입니다.

우리는 이사야가 본 이상과 그의 깨달음을 좋아합니다. 그러나 그 선지자의 입술에 닿은 숯에 대해서는 생각하기 싫어합니다. 우리는 보혈과 피로 죄 씻음을 받습니다. 이사야의 입술, 이는 그의 모든 본성을 상징한다고 볼 수 있는데 그 입술이 불로 깨끗하게 되었습니다. 그래서 하나님은 이사야에게 "네 죄가 사하여졌느니라"(사 6:7)라고 말씀하셨습니다.

그토록 괴로워하며 놀라던 이사야가 자신이 도덕적으로 다시 정결해졌다고 느낄 수 있던 것은 바로 이 불 때문입니다. 그가 즉시 예배를 드릴 준비를 하고, 또 하나님의 뜻 안에서 섬길 준비를 할 뿐 아니라 헌신하기 원한 것도 바로 이 불 때문입니다. 만일 우리가 용서의 확신을 갖고 깨끗해졌다고 알기 원한다면, 하나님의 은혜의 불이 우리 각자에게 닿아야만 합니다. 사람은 하나님의 용서를 통해 그 사랑의 깊이를 경험할 때에야 비로소 회복되어 하나님을 섬길 준비가 됩니다. 마찬가지로 하나님의 피조물인 우리가 그분의 예배자가 되는 길도 이 길뿐입니다. 이 외에 또 다른 길은 없습니다.

사람이 하나님을 자기들 수준으로 축소하려 애쓰는 이 끔찍한 시대에 제가 할 수 있는 일은 우리에게 가장 필요한 것이 무엇인지를 상기시키는 일뿐입니다. 많은 사람이 주권적인 하나님을 자기가 다스릴 수 있다고 생각합니다. 그들은 하나님을 이 땅으로 끌어내려 자기 뜻대로 할 수 있다고 생각합니다.

심지어 하나님을 믿는다는 그리스도인 가운데서도 그리스도께서 우리에게 맡기신 사역을 할 때 테크닉과 방법에 의존하려는 경향이 많습니다. 그러나 성령님을 완전히 의지하지 않으면 우리는 실패할 수밖에 없습니다. 만일 우리가 그리스도의 일을 우리 자신의 힘으로 할 수 있다고 오산한다면, 그 일은 절대 이루어지지 않을 것입니다. 하나님이 사용하시려면 망한 자라야 합니다. 만군의 여호와 되신 왕을 뵌 사람이어야 합니다.

형제자매여, 우리 자신에 대해 그 무엇도 절대 당연하게 여기지 맙시다. 저를 가장 곤란하게 하는 사람이 누구인지 아십니까? 저의 목회 사역을 위해 가장 많이 기도하는 사람이 누구인지 아십니까? 바로 저 자신입니다. 저는 겸손한 척하려고 이런 말을 하는 게 아닙니다. 저는 평생 저보다 나은 사람들에게 설교해 왔습니다.

다시 한번 말씀드리지만 하나님은 우리를 예배자로 삼기 위해 구원하셨습니다. 하나님이 우리가 자신을 완전히 무가치한 존재로 볼 수 있도록 우리의 실상을 보여 주시기를 구합니다. 하나님은 거기서 우리를 일으켜 그분을 예배하고 찬양하며 증거하는 자로 삼으십니다.

사도행전 9장 1-9절

사울이 주의 제자들에 대하여 여전히 위협과 살기가 등등하여
대제사장에게 가서 다메섹 여러 회당에 가져갈 공문을 청하니
이는 만일 그 도를 따르는 사람을 만나면
남녀를 막론하고 결박하여 예루살렘으로 잡아오려 함이라
사울이 길을 가다가 다메섹에 가까이 이르더니
홀연히 하늘로부터 빛이 그를 둘러 비추는지라
땅에 엎드러져 들으매 소리가 있어 이르시되
사울아 사울아 네가 어찌하여 나를 박해하느냐 하시거늘
대답하되 주여 누구시니이까 이르시되 나는 네가 박해하는 예수라
너는 일어나 시내로 들어가라 네가 행할 것을 네게 이를 자가 있느니라 하시니
같이 가던 사람들은 소리만 듣고 아무도 보지 못하여 말을 못하고 서 있더라
사울이 땅에서 일어나 눈은 떴으나 아무 것도 보지 못하고
사람의 손에 끌려 다메섹으로 들어가서
사흘 동안 보지 못하고 먹지도 마시지도 아니하니라

WHATEVER HAPPENED TO WORSHIP?

07

진짜 예배자는
감정으로도 경배합니다

A.W. TOZER

인도네시아 이리안 자야(Irian Jaya)의 원시적인 발리엠 계곡에 있는 놀라운 신흥 교회들이 캐나다와 미국에 선교사를 보내기까지 얼마나 오래 걸릴 거라고 생각하십니까? 혹시 이 말을 듣고 기분이 상했습니까? 그렇다면 이번 장을 반드시 읽으십시오. 저는 이런 일이 앞으로 언젠가는 일어나리라고 생각합니다. 그렇게 생각하는 데는 그럴 만한 이유가 있습니다.

한번은 시카고에서 아주 깊이 헌신하는 진지한 그리스도인 형제를 소개받은 적이 있습니다. 그는 인도 출신으로 자신의 삶 속에 나타난 하나님의 은혜에 몹시 감사하며 아주 감동적인 간증을 했습니다.

이 인도인은 힌두교 가문에서 태어났지만, 우리 주님의 죽으심과 부활에 관한 신약의 기록을 읽고 진지하게 연구하여 예수 그리스도를 믿고 그분의 제자가 되었습니다. 그는 자신이 믿는 기독교 신앙을 이 세상과 교회에 영어로 전할 수 있을 만큼 영어도 잘했습니다.

그 형제와의 만남을 통해 저는 우리가 영적으로 새로워지고 전처럼 하나님을 순수하게 사랑하고 경배하며 예배하지 않는 한 주님이 우리의 촛대를 옮기실 수도 있다는 사실을 깨닫게 되었습니다. 정말 우리는 선교사가 필요할지 모릅니다. 그들이 와서 우리에게 진짜 생명력 있는 기독교가 무엇인지 보여 주어야 할지도 모릅니다!

우리는 다음과 같은 사실을 절대 망각해서는 안 됩니다. 하나님은 본래 우리를 즐거운 예배자가 되도록 창조하셨지만, 우리는 죄로 인해 다른 모든 일을 하면서도 예배만은 드리지 않습니다. 그러나 그리스도 예수 안에 나타난 하나님의 사랑과 긍휼로 중생이라는 기적을 통해 다시 하나님과의 교제를 회복하게 되었습니다.

하나님은 우리에게 이렇게 말씀하십니다. "너는 용서받았으며 회복되었다. 나는 너의 창조주요 구속주요 여호와이다. 그리고 나는 너의 예배를 심히 기뻐한단다." 이 말씀을 듣고 여러분은 어떤 느낌을 가지실지 모르겠지만, 저는 온 마음을 다해 하나님께 화답해야겠다는 생각을 합니다. 저는 하나님께 예배자로 여겨지는 것이 행복합니다.

저는 '느낌'이라고 말했는데, 어쩌면 이 말에 즉각 반발하실지도 모르겠습니다. 사실 그동안 아주 독단적인 어조로 자신은 신앙 생활에 '느낌'을 조금도 허용하지 않을 거라고 말한 사람들이 있습니다. 그렇게 말하는 사람에게 저는 "그렇다면 참 불행이군요!"라고 대꾸합니다. 왜냐하면 지금까지 저는 진정한 예배란 가슴으로 느끼는 것이라고 믿고 선언해 왔기 때문입니다.

기독교 신앙에서는 '느낌'이라는 말을 아무 주저 없이 담대히 사용할 수 있어야 합니다. 만일 사람들이 우리를 보고 아무 느낌 없는 사람들이라 말한다면 그리스도인인 우리에게 그보다 더 나쁜 말이 어디 있겠습니까?

예배는 항상 마음으로부터 드려야 하는데 그 안에는 정신적, 영적, 감정적 요인을 포함해 여러 요인이 있습니다. 물론 우리는 언제나 똑같은 정도의 경이감과 사랑을 가지고 예배드리지 않습니다. 그것은 때에 따라 달라집니다. 그러나 우리가 여호와 하나님을 예배한다면, 그 태도와 마음의 상태는 언제나 변함없을 것입니다.

여기 한 사람이 있습니다. 한 아내의 남편이요 자녀들의 아버지인 그는 낙심해 있거나, 오랜 시간 격무에 시달려 피곤하거나,

어떤 일로 인해 몹시 우울할 때는, 자기 가족을 여느 때처럼 사랑하고 아끼지 않는 듯 보일 수 있습니다. 겉으로는 가족에게 많은 사랑을 나타내지 않는 듯 보일 수 있습니다. 그러나 그럼에도 불구하고 그의 마음속에는 가족을 향한 사랑이 항상 있습니다. 왜냐하면 사랑이란 느낌이 전부가 아니기 때문입니다. 사랑은 마음의 태도요 상태입니다. 비록 그 강도와 완전함의 정도는 때에 따라 다르지만, 사랑은 끊임없이 지속됩니다.

저는 처음에 주님을 영접한 뒤 제가 용서받았다는 사실을 알고 아주 즐겁게 하나님 나라에 들어왔습니다. 저는 그리스도께로 돌아올 때 함께 따라오는 감정적인 면을 조금은 알았습니다. 그런데 제가 그리스도인이 되어 다른 그리스도인과 교제를 나누던 초창기에 '느낌'은 위험하다고 경고한 사람이 있었습니다. 그들은 나이 든 이삭이 야곱의 팔을 만지면서(느끼면서) 그것을 에서의 팔이라고 착각했던 예를 들었습니다. 자신의 느낌을 의지한 이삭은 실수했다고 말입니다! 흥미로운 해석이기는 하지만 우리가 기독교 교리로 세울 만한 근거는 되지 못합니다.

복음서를 보면 12년간 혈루증을 앓으며 많은 의원을 만났으나 치료받지 못한 채 고생만 한 여인에 대한 기록이 나옵니다.

그 여인을 한번 생각해 보십시오. 그녀는 예수님에 대한 소문을 듣고 군중 사이에 끼어 단순히 주님의 옷을 만졌을 뿐이라고 마가는 기록합니다. 그런데 즉시 그 혈루 근원이 마르고 병이 나은 것을 그녀가 깨달았다고 했습니다(참조. 막 5:29).

구주로 인해 자기 몸 안에 무슨 일이 일어났는지 알게 된 그녀는 두려워 떨며 예수님 앞에 나와 엎드려 모든 사실을 고했습니다(33절). 그녀는 주님을 찬양하며 예배하는 가운데 자기 병이 나았다고 간증했습니다. 병이 나은 것을 자기 몸으로 느낀 것입니다.

물론 우리 중에 진정으로 복을 받은 사람은 당연히 "자신의 느낌을 따르라"라는 세상의 구호에 합세하지 않을 것입니다. 그렇다고 해서 우리 가슴속에 느낌이 전혀 없다면, 죽은 것과 마찬가지입니다! 만일 내일 아침 잠에서 깼는데 오른팔에 감각이 전혀 없다면(느낌이 전혀 없다면) 성한 왼손으로 재빨리 의사에게 전화를 걸 것입니다.

진정한 예배는 다른 무엇보다도 우리 주 여호와 하나님에 대한 느낌입니다. 그 느낌은 우리 가슴속에 있습니다. 우리는 그 느낌을 적절한 방법으로 기꺼이 표현해야 합니다.

우리는 하나님에 대한 우리의 예배를 다양한 방법으로 표현할 수 있습니다. 그러나 우리가 여호와 하나님을 사랑하며 성령님의 인도하심을 받는다면, 우리는 예배를 통해 항상 경외심과 진지한 겸손을 품을 것입니다. 교만하고 거만한 사람들은 교만한 마귀처럼 하나님께 열납되는 예배를 드릴 수 없습니다. 하나님께 영과 진리로 예배드리고자 하는 사람의 가슴속에는 겸손함이 있어야 합니다.

예배에 대해 오늘날 많은 사람이 하는 생각을 보면 저는 불편한 마음을 금할 길이 없습니다. 진정한 예배가 인위적으로 조작되거나 꾸며질 수 있을까요?

저는 앞으로 교회가 목회자를 가리켜 '영적인 엔지니어'라고 부를 시대가 오리라고 예상하고 있습니다. 여러분도 그렇게 생각하십니까? 저는 정신과 의사를 가리켜 '인간 엔지니어'라고 부르는 것을 들은 적이 있습니다. 물론 그들은 우리의 머리에 관심이 있으니까 그럴 수도 있겠지요.

그런데 우리는 그동안 너무 많은 것을 공학적, 과학적, 심리학적 용어로 불러왔습니다. 그러니 '영적인 엔지니어'라는 말도 나올 가능성이 많습니다. 그러나 이 말이 성경에서 예배자를 묘사할 때마다 제가 '놀라운 경이'라고 불렀던 감탄을 대치하지는 못할 것입니다. 사도행전을 보면 영적인 놀라움과 경이로움을 아주 많이 발견할 수 있습니다. 성령님이 믿는 자에게 지시하고 그들을 인도하실 때면 이런 놀라움과 경이로움이 따라다닌다는 사실을 항상 발견할 것입니다.

한편 성령님이 임재하시지 않을 때는 사람 사이에서 이런 놀라움과 경이로움을 발견하지 못합니다. 엔지니어가 자기 분야에서 위대한 일을 많이 할 수도 있겠지만, 어떤 인간적인 세력이나 지시로는 하나님의 신비를 사람 사이에서 역사하게 할 수 없습니다. 만일 어떤 경이로움, 사람의 생각을 뛰어넘는 경험이 없다면, 예배드리려는 우리의 노력은 허사가 될 것입니다.

만일 하나님이 어떤 인간적인 수단을 통해 이해되고 파악되는 분이라면, 저는 그런 하나님을 예배하지 않을 것입니다. 한 가지 사실만은 아주 분명한데, 제 마음으로 해석하고 이해할 수 있는 그런 분께는 절대 무릎을 꿇고 "거룩하다 거룩하다 거룩하다"라고 말하지 않을 것입니다! 설명 가능한 대상에게 어떻게 제가 경외심을 품을 수 있겠습니까? 저는 그런 것을 보고 절대 놀라거나 기이해하거나 탄복하지 않습니다.

철학자는 태곳적부터 있어 온 하나님의 신비를 가리켜 '신비로운 수수께끼'(mysterium conundrum)라고 불렀습니다. 그런데 믿음으로 하나님의 자녀가 된 우리는 하나님을 "하늘에 계신 우리 아버지"라고 부릅니다. 예배를 드릴 때 생명과 복과 경이가 있는 교회에는 거룩한 신비감도 있습니다. 바울은 우리를 위해 이를 "너희 안에 계신 영광의 소망되신 그리스도"(참조. 골 1:27)라고 요약했습니다.

그럼 성령님의 새롭고 활발한 역사로 부흥이 일어날 때 그리스도의 교회에는 어떤 일이 일어날까요? 제가 그동안 연구하고 관찰한 바에 따르면 부흥이 일어날 때 일반적으로 예배가 갑자기 생기를 찾습니다. 이는 인간의 공작이나 조작이 아닌 하나님을 갈급해하는 백성에게 하나님이 친히 부어 주시는 생기입니다. 영적으로 새로워질 때에야 복되고 사랑스러운 예배의 영께서 찾아오십니다.

이런 신자는 하나님을 아주 높이 우러르기 때문에 기쁨으로 예배드립니다. 그러나 어떤 사람은 하나님을 축소하고 일부를 더하거나 빼면서 편집하고 바꾸고 수정하여 더는 이사야가 뵌 보좌에 높이 앉아 계신 그 하나님을 보지 못합니다.

그동안 하나님은 너무 많은 사람의 마음속에서 축소되어 왔기에, 우리는 더 이상 이전처럼 그분에 대해 무한한 담대함을 갖고 나아가지 않습니다. 그분은 우리가 의심과 두려움 없이 다가갈 수 있는 하나님입니다. 우리는 그분이 우리를 속이거나 기만하지 않으신다는 사실을 압니다. 하나님은 자신의 언약을 깨뜨리거나 그 마음을 바꾸시지 않습니다.

우리는 이런 사실들을 확신하며 절대적인 담대함을 가지고 그분 앞에 나아갈 수 있어야 합니다. 우리 마음속에는 이런 약속이 있습니다. "사람은 다 거짓되되 오직 하나님은 참되시다"(롬 3:4). 온 땅의 하나님은 절대 틀리거나 그릇되실 수 없습니다! 그분은 인간에게 구출받을 필요가 전혀 없는 분입니다. 그것은 인간이 하나님에 대해 잘못 생각하는 것입니다. 감사하게도 하나님은 우리를 그분의 형상대로 만드실 때 우리에게 그분의 속성을 깨닫고 감탄하는 능력을 주셨습니다.

당대에 위대한 성경 교사 중 한 사람이었던 조지 왓슨(George D. Watson) 박사는 다음과 같은 사실을 지적했습니다. 인간은 하나님에 대해 두 가지 종류의 사랑을 가질 수 있는데, 하나는 감사의 사랑이고 다른 하나는 탁월함에 대한 사랑이라고 합니다. 그는 감사함에서 시작해 공의의 하나님을 사랑하는 단계로 나아가라고 촉구했습니다. 왜냐하면 그분은 하나님이시요, 그 성품이 탁월한 분이시기 때문입니다.

그런데 불행하게도 하나님의 자녀가 감사의 차원을 뛰어넘는 경우가 거의 없는 것 같습니다. 저는 누군가가 예배드리면서 하나님의 영원한 탁월하심 때문에 하나님을 찬양하고 감탄하며 기도드리는 소리를 거의 듣지 못합니다.

우리 중 많은 사람이 아주 철저한 '크리스마스' 그리스도인입니다. 우리는 하나님을 크리스마스트리 밑에 우리에게 줄 선물을 두는 분 정도로 생각합니다. 그것은 아주 초보적인 사랑에 지나지 않습니다. 우리는 거기서 더 나아가야 합니다. 황급히 나아가려고 생각하는 대신 하나님의 임재 앞에서 예배하는 복을 알아야만 합니다. 절대적이며 무한하게 탁월하신 하나님 앞에서 즐거워해야 하는 것입니다.

이런 예배 속에는 하나님께 매료되어 도덕적으로 고양되는 경험이 있습니다. 성경에 나오는 사람을 보면 그들은 하나님과 교제할 때 이런 종류의 기쁨을 알았습니다. 우리가 예수 그리스도를 알고 그분을 사랑하고 섬기려면, 성령님이 우리의 삶을 조명하셔야 합니다. 그럴 때 우리는 성령님께 붙들려 하나님의 임재 안으로 들어가게 됩니다.

오, 주 예수님, 제가 가장 사랑하는 주님!
제가 주님을 너무 사랑하여
주님의 거룩하신 이름을 하루에 천 번씩 부른다 해도
저를 용서해 주옵소서

오, 사랑이시여, 제 가슴속에서 타오르소서
세상의 하잘것없는 사랑의 찌꺼기가
모두 타버릴 때까지
밤낮으로 제 안에서 타오르소서

이 글은 프레더릭 페이버(Frederick W. Faber)의 예배드리는 심령에서 터져나온 부르짖음입니다. 그는 사랑하는 구주 하나님의 임재와 그분과의 사귐 속에서 경험한 모든 것에 완전히 반해 버렸습니다. 파버의 심령은 확실히 강렬하게 고양된 영적 격동으로 가득했습니다. 그는 우리가 하나님이라 일컫는 분의 상상조차 할 수 없는 그 광대하심과 영적인 광채에 너무 놀라 경이에 차 있었습니다.

하나님에 대한 이와 같은 매료에는 반드시 경배가 깃들어 있습니다. 여기서 제게 경배의 의미를 정의해 보라고 한다면 이렇게 말할 것입니다. 우리가 하나님을 경배하면, 예배의 모든 아름다운 요소가 성령님 안에서 타올라 눈부시게 빛이 난다고. 하나님을 경배한다는 것은 우리가 우리 안에 있는 온 힘을 다해 두려움과 경이감과 갈망과 경외심을 가지고 그분을 사랑한다는 뜻입니다.

"네 마음을 다하고 … 뜻을 다하여 주 너의 하나님을 사랑하라"(마 22:37)라는 교훈은 오직 한 가지를 의미하는데, 곧 하나님을 경배하라는 뜻입니다.

저는 '경배한다'는 말을 잘 사용하지 않습니다. 왜냐하면 아주 귀한 말이기 때문입니다. 저는 아기를 사랑하며 사람을 사랑합니다. 그러나 그들을 경배한다고는 말하지 않습니다. 경배를 받기에 합당한 유일한 분이신 하나님 한 분께만 '경배'라는 말을 사용합니다. 저는 하나님 이외의 다른 어느 존재나 임재 앞에서도 경건한 두려움과 경이감과 갈망 가운데 무릎 꿇지 않습니다. 그리고 "나의 하나님, 나의 하나님!"이라고 외치며 그분을 소유하고픈 갈급함으로 무릎 꿇지도 않습니다.

사람마다 표현하는 방식이 다르겠지만, 우리가 온 마음과 뜻을 다해 예배드리게 되면, "하나님이여 주는 나의 하나님이시라 내가 간절히 주를 찾되"(시 63:1)라고 부르짖게 됩니다. 이렇게 해서 예배는 예배자와 하나님 사이에서 완전히 개인적인 사랑의 경험이 됩니다. 다윗이 그랬고 이사야가 그랬으며 바울이 그랬습니다. 그리고 하나님을 소유하고 싶은 소원을 가진 사람이라면 누구나 그렇습니다.

하나님이 '나의 하나님'이시라는 사실은 정말 즐거운 진리입니다. 형제자매여, 여러분이 '하나님과 나'라고 말할 수 있기까지는 어떤 의미에서든 '우리'라고 말할 수 없습니다. 여러분이 영혼의 외로움 속에서 일대일로, 마치 이 세상에 그분 외에는 아무도 없다는 듯이 하나님을 만날 수 있기까지는 이 세상에서 다른 사람을 사랑한다는 게 무엇인지 절대 알지 못합니다.

캐나다의 경건한 성도 홀리 앤(Holy Anne)을 아는 사람들은 모두 이렇게 말했습니다. "그녀는 마치 하나님 이외에는 아무도 없다는 듯이, 그리고 하나님께는 자기 외에 다른 자녀가 하나도 없다는 듯이 그렇게 하나님께 말씀드린다." 이것은 이기적인 마음이 아닙니다. 그녀는 하나님께 자신을 전적으로 드리며 그분을 경배하는 기쁨과 가치가 무엇인지 아는 사람입니다.

하나님을 만난 사람에게는 거룩하게 구별된 삶을 사는 것이 별로 어렵지 않습니다. 하나님의 자녀가 순수하게 하나님을 숭배하며 매료될 경우, 그는 구주의 발에 자기 사랑을 쏟을 기회 외에는 다른 것을 원치 않게 됩니다.

어떤 젊은이가 자신의 신앙 생활에 대해 말하며 자기는 7년 전에 그리스도인이 되었다고 했습니다. 그러나 그는 자기 일생을 향한 하나님의 뜻을 충족시키지 못할까 봐 걱정이 된다고 했습니다. 자기는 가슴이 냉랭하고 영적인 능력이 부족하다고 말입니다. 그는 아주 낙심해 있었으며 자기 마음이 완악한 것을 몹시 두려워했습니다.

그래서 저는 클레르보의 성 베르나르(Bernard of Clairvaux)가 쓴 책에서 다음과 같은 도움이 될 만한 글귀를 그에게 전해 주었습니다. "형제여, 자기 가슴이 굳어 있는 줄 모르는 가슴만이 굳은 것입니다. 자기가 강팍한 것을 모르는 사람만이 강팍한 자입니다. 우리 가슴이 냉랭하다고 걱정하는 이유는 바로 하나님이 우리 가슴속에 하나님에 대한 갈망을 넣어 주셨기 때문입니다. 하나님이 우리를 거절하시지 않았기 때문입니다."

하나님은 우리 가슴속에 갈망과 소원을 넣어 주신 다음 돌아서서 우리를 비웃지 않으십니다. 오히려 우리에게 회개와 사랑 속에서 그분의 얼굴을 구하라고 요구하십니다. 그렇게 할 때 우리는 하나님의 자비로운 충만함 속에 있는 모든 것이 우리를 기다리고 있음을 발견하게 됩니다. 그것은 하나님이 은혜 안에서 온 세상을 위해 주신 약속입니다.

여러분은 파스칼(Blaise Pascal)의 글을 읽어 보셨을 것입니다. 그는 17세기에 살았던 프랑스 과학자로 종종 인류 역사를 통틀어 가장 위대한 사상가 중 하나로 꼽히는 사람입니다. 그는 수학의 천재요 과학자로서 광범위한 연구를 한 사람입니다. 또 철학자요 작가이기도 했습니다.

그러나 무엇보다도 중요한 사실은 그가 어느 날 밤 그의 일생을 바꾸어 놓는 하나님과의 극적인 만남을 체험했다는 것입니다. 파스칼은 종이에 자신의 경험을 간단히 적어 외투 안주머니에 늘 넣고 다녔습니다. 분명히 자신이 그때 느낀 것을 기억하기 위해서였을 것입니다.

그의 임종을 함께한 사람들은 접힌 채 다 닳아빠진 그 종이를 발견했는데, 거기에는 파스칼이 친필로 이렇게 적어 놓았다고 합니다.

밤 10시 30분쯤부터 밤 12시 30분까지 – 불!
그것은 철학자와 지혜자의 하나님이 아닌
아브라함의 하나님,
이삭의 하나님, 야곱의 하나님이었다.
복음의 도를 통해서만 알 수 있는
예수 그리스도의 하나님이었다.
안전하다는 확신, 느낌, 평화, 환희, 환희의 눈물. 아멘.

이것은 광적인 한 극단주의자의 표현일까요? 아닙니다. 파스칼은 인류 역사상 가장 위대한 지성인 중 한 사람입니다. 그러나 살아 계신 하나님이 그의 인간적이요 지적이며 철학적인 모든 것을 초월해 그에게 나타나신 것입니다. 놀란 파스칼은 자기 영에 임하신 하나님을 '불!'이라는 말 한마디로 표현할 수밖에 없었습니다.

다른 사람에게 보이기 위해 적은 글이 아니라는 사실을 이해하십시오. 하나님의 임재 가운데 그 장엄한 두 시간 동안 하나님 앞에 굴복한 한 사람이 황홀경에 빠져 부르짖은 말입니다. 여기서는 인간적인 모의나 조작을 전혀 찾아볼 수 없습니다. 다만 그가 예배할 때 성령님의 임재로 인한 경이감과 경외심, 숭배만 있을 뿐입니다.

우리에게 필요한 것은 성령님이 진짜 함께하시는 것입니다. 그 예배의 영께서 하나님의 백성 가운데 거하셔야 합니다.

에베소서 4장 13-18절

우리가 다 하나님의 아들을 믿는 것과 아는 일에 하나가 되어
온전한 사람을 이루어 그리스도의 장성한 분량이 충만한 데까지 이르리니
이는 우리가 이제부터 어린 아이가 되지 아니하여
사람의 속임수와 간사한 유혹에 빠져
온갖 교훈의 풍조에 밀려 요동하지 않게 하려 함이라
오직 사랑 안에서 참된 것을 하여 범사에 그에게까지 자랄지라
그는 머리니 곧 그리스도라
그에게서 온 몸이 각 마디를 통하여 도움을 받음으로 연결되고 결합되어
각 지체의 분량대로 역사하여 그 몸을 자라게 하며
사랑 안에서 스스로 세우느니라
그러므로 내가 이것을 말하며 주 안에서 증언하노니
이제부터 너희는 이방인이 그 마음의 허망한 것으로 행함 같이 행하지 말라
그들의 총명이 어두워지고 그들 가운데 있는 무지함과
그들의 마음이 굳어짐으로 말미암아 하나님의 생명에서 떠나 있도다

WHATEVER HAPPENED TO WORSHIP?

08
·

예배를
상실한 교회는
실패합니다

A. W. TOZER

자신은 '모태 신앙을 가졌다'라고 말하거나, 출석 교회의 전통을 당연하게 받아들이는 사람은 절대 "우리는 왜 교회에서 하라는 대로 하며 그것을 예배라 부르는가?"라고 묻지 않습니다. 그들은 "왕 같은 제사장들이요 거룩한 나라요 그의 소유된 백성이니"(벧전 2:9)라고 불리는 그런 신자에 대해 거의 아는 바가 없고, 안다고 해도 그 가치를 별로 인정하지 않을 것입니다.

여기서 기독교를 믿는다는 많은 사람이 생전 하지 않을 질문을 하나 던져 보겠습니다. 교회의 참 정의는 무엇일까요? 교회가 존재하는 기본 목적은 무엇일까요?

저는 교회가 신자 개개인이 개인적으로 해야만 하는 것, 곧 하나님을 향한 예배를 함께하기 위해 존재한다고 믿습니다. 교회는 우리를 어두운 데서 불러내 그분의 기이한 빛에 들어가게 하신 예수님의 덕을 기리기 위해 있습니다. 교회는 성령님의 사역을 통해 우리에게 영원토록 비치는 그리스도의 영광을 반영하기 위해 존재합니다.

이제 여러분에게 좀 이상하게 들릴지도 모를 말을 하나 하겠습니다. 이 말은 믿는 사람 사이에서도 잘 하지 않는 말이기 때문에 사실 제게도 이상하게 들리기는 합니다. 바로 우리는 하나님을 예배하기 위해 구원받았다는 말입니다. 그리스도께서 과거에 우리를 위해 하신 모든 일과 지금 하고 계신 모든 일은 이 한 가지 목적을 위해서입니다. 만일 우리가 이 진리를 부인한다면, 곧 예배는 정말 중요한 것이 아니라고 말한다면, 그동안 하나님과의 교제 속에서 성장하지 못했기 때문입니다.

그럼 교회는 왜 일생 1학년에만 머무르고 학년이 올라가거나 졸업하는 사람이 없는 영적 학교가 되고 있을까요? 어떤 사람이 학교 다닐 때 공부 잘했냐는 질문을 받고 "네, 5년이나 4학년에 머물러 있었는걸요"라고 대답했다는 케케묵은 농담이 있습니다. 하지만 어떤 그리스도인이 자기는 지난 19년 동안 2-3학년에 머물렀으니 아주 선한 그리스도인이라고 말한다면, 그건 절대 웃을 일이 아닙니다. 도대체 성경 어디에 모든 그리스도인이 제자리에 그대로 머물러 있어야 한다고 했습니까?

그리스도인이 되어 일단 믿음으로 교회 안에 들어왔으면, 그 다음부터는 절대 성장할 필요가 없다는 생각은 도대체 어디서

나온 것입니까? 무슨 근거에서 우리의 영적 발전과 그리스도를 닮아가는 성숙에 대해 염려할 필요가 없다고 말하는 것입니까? 교회 다니는 사람에게 그들이 회심하게 된 이유를 한번 물어보십시오. 그러면 이렇게 답할 것입니다. "행복, 행복, 행복해지려고요! 행복한 사람은 모두 '아멘'이라고 말하세요!"

어느 한 곳에서만 일어나는 현상이 아닙니다. 북미 전역이 다 마찬가지이고, 북미에서 훨씬 멀리 떨어진 나라에서도 마찬가지입니다. 우리는 지금 전 세계적으로 아주 바쁘게 복음을 전하면서 보다 많은 1학년생을 양산하고 있습니다. 주님이 재림하실 때까지 회심한 사람들을 1학년에 데리고 있으면, 주님이 오셔서 그들에게 다섯 고을을 다스리게 하시리라는 생각은 아주 재치 있고 그럴듯하게 들립니다.

우리는 지금 성령님이 이렇게 물으시는 시대에 살고 있습니다. "너희는 구원받지 못한 사람에 대해 얼마나 순수한 관심을 갖겠느냐? 그리스도의 교회가 이 세상을 향해 증언하는 것에 대해 얼마나 관심을 갖고 기도하느냐? 너희는 삶과 현대 사회가 가져다주는 압박감이 너희 가족의 영적 안녕과 관련될 때, 그 압박감에 대해 얼마나 몸부림치며 괴로워하느냐?"

만일 우리가 사는 이 끔찍한 시대를 제대로 알지 못한다면, 우리는 교회와 우리가 사랑하며 관심을 가진 사람에게 큰 해를 입힐 것입니다. 여러분은 해가 가고 달이 가도 모든 것이 본래 있던 그대로 계속 남아 있으리라고 믿을 만큼 그렇게 어리석은 사람입니까?

아마도 미국인은 세계의 다른 어느 나라보다도 캐나다와 미국, 영국의 역사를 더 잘 알 것입니다. 그러나 그런 나라보다 로마의 역사와 운명을 기억하는 편이 좋습니다. 역사상 가장 문명화된 제국 중 하나였던 로마는 썩은 거목처럼 무너졌습니다. 당시 로마는 겉으로 보기에는 여전히 군사력과 힘을 과시했습니다. 그러나 내적으로는 이미 허물어져 있었습니다. 로마인은 온갖 종류의 음식과 술, 오락과 쾌락, 무절제한 정욕과 부도덕을 맹목적으로 사랑했습니다.

로마 제국을 무너지게 한 군대가 어느 군대인지 아십니까? 로마는 북쪽의 미개한 유목민, 로마인의 구두조차 닦을 가치가 없었던 게르만족(롬바르디아족, 훈족, 동고트족)에 의해 멸망했습니다. 로마는 이미 비대하고 유약해져 있었으며 무관심한 국민은 될 대로 되라는 식으로 살았습니다. 그래서 멸망한 것입니다.

서로마 제국은 마지막 황제 로물루스 아우구스툴루스(Romulus Augustulus)가 폐위되던 해인 476년에 멸망했습니다.

로마가 내적으로 부패하자 망했듯이, 내적인 자기만족에 빠진 세속적인 교회 역시 실패할 위험이 있습니다. 교만하고 무관심한 교회는 영적으로 성숙해져 예배드리는 교회로서 역할을 다하기 어렵습니다. 어느 때든 하나님 앞에서 실패할 위험이 있습니다.

교회와 형식과 전통에 충성하는 많은 사람은 이 시대의 기독교가 병들었다는 사실을 부인합니다. 그러나 죽음과 부패를 가져오는 것은 내적 출혈입니다. 내적 출혈이 너무 많으면 한 시간 만에 패할 수도 있습니다.

우리는 보이는 교회와 보이지 않는 그리스도의 몸을 이루는 신자에 대한 하나님의 기대를 기억해야 합니다. 하나님의 계시된 계획 속에는 교회가 사교 클럽 같은 기능을 발휘하는 지경에 이르도록 타락해도 좋다는 계획이 전혀 없습니다. 성경이 권면하는 성도의 교제는 절대 현대 교회가 하는 것처럼 다양한 사회적 관계에 의지하는 교제가 아닙니다. 교회의 역할은 절대 시사 문제 토론장이 되는 것이 아닙니다. 하나님의 뜻은 교회가 인기 있는 뉴스 잡지를 교과서로 삼아 세속적인 토론이 이루어질 기회나 제공해 주라는 것이 아닙니다.

여러분은 제가 연극과 연기, 가장과 위선에 대해 하는 말을 들어보셨을 것입니다. 그렇다면, 제가 하나님은 예수 그리스도의 교회를 종교적인 극장이 되게 하려고 뜻하신 적이 한 번도 없다고 말한다 해도 별로 놀라지 않으시겠지요. 우리는 성전을 지어 예배 장소로 헌당했습니다. 그런데 왜 사람들로 교회 안에서 아마추어 연예인 노릇을 하게 합니까? 그래야 할 의무라도 있습니까?

하나님의 교회가 이 중 어느 하나라도 행한다면, 거룩하고 사랑이 많으며 주권적인 하나님이 절대 기뻐하지 않으십니다. 성경을 보면 하나님이 그분의 백성과 그리스도의 몸인 교회에 가지신 기대가 무엇인지 많이 적혀 있습니다. 우리는 성경에 적힌 이런 기대에 반대 의견을 내놓을 만큼 거룩하거나 지혜롭지 못합니다.

베드로는 우리가 우리를 위해 그리스도께서 성취하신 사역을 소중히 여긴다면, 우리는 택하신 족속이요 왕 같은 제사장이요 거룩한 나라요 하나님 보시기에 아주 특별한 백성이라고 상기시켜 줍니다. 바울은 능률적이요 순종하는 신자인 하나님의 자녀는 하나님을 힘입어 살며 행동한다고 했습니다.

만일 우리가 참으로 우리를 부르신 그분의 영광을 나타내기 위해 어두운 데서 불러내심을 받았다고 고백한다면, 우리는 신약 교회로서 우리가 받은 그 높은 소명을 충족시키는 데 필요한 단계 또한 기꺼이 밟아야 합니다.

이보다 못한 것을 행한다면 우리는 완전히 실패하는 것입니다. 우리 하나님을 실망시켜 드리는 일이요, 우리를 구속하신 주 예수 그리스도를 실망시키는 일입니다. 또 우리 자신과 우리 자녀를 실망시키는 일입니다. 뿐만 아니라 하나님을 위해 거룩하고 성화된 백성에 의해서만 성취될 수 있는 일을 행하고자 예수님의 가슴으로부터 우리 마음에 오신 성령님을 처참하게 실망시키는 일입니다.

교회와 교회를 이루는 신자라는 전체 개념에는 우리가 하나님을 실망시키는 길이 두 가지 있습니다. 하나는 우리가 교회로서 함께 증언하지 못할 때이며, 다른 하나는 우리가 그리스도인 개개인으로 실패할 때입니다. 우리는 서로 둘러보며 이렇게 말합니다. "흥, 우리는 저런 실수는 절대 하지 않는다고."

만일 우리가 교회를 염려하고 교회를 위해 기도하는 그리스도인이라면, 한 가지 패턴을 기억해야 합니다. 즉 어느 세대든 교회가 하나님의 뜻을 수행하지 못하고 약화되면, 그다음 세대 때는 교회가 아예 믿음에서 떠나게 됩니다.

바로 그런 식으로 교회가 타락하고 배도하는 것입니다. 바로 그런 식으로 신앙의 근본적인 요소가 등한시되고 건전한 기독교 교리 대신 자유주의적이며 불확실한 견해가 부상하게 됩니다. 교회가 실제로 실패할 수 있다는 사실은 아주 심각하고 비극적인 일입니다. 실패는 교회가 더 이상 교회로서의 역할을 감당하지 못할 때 찾아옵니다. 남아 있는 신자는 그 영광이 떠났다는 것을 알게 됩니다.

이스라엘이 광야를 지날 때, 하나님은 그들에게 하나님의 영광과 끊임없는 보호의 증표로서 낮에는 구름 기둥을, 밤에는 불기둥을 보내셨습니다. 만일 하나님이 지금도 함께하는 표시로서 그때와 똑같은 증표를 주신다면, 과연 얼마나 많은 교회가 낮에는 구름 기둥을, 밤에는 불기둥을 받을지 의심스럽습니다.

만일 여러분이 영적으로 보는 눈을 가졌다면, 이 세대에는 크든 작든 이전 교회의 단순한 기념비로 존재하는 교회가 상당하다는 말을 굳이 할 필요가 없을 것입니다. 그 영광은 이미 떠났습니다. 하나님의 증거, 구원의 증거, 영생의 증거란 이제 불확실한 소리에 지나지 않습니다. 기념비는 거기 있는데 교회는 그 기능을 발휘하지 못합니다. 우리는 포기하고 굴복한 채 그런 교회를 용납하며 현재 일어나는 일을 하나님이 눈감아 주시기를 기대하지만, 하나님은 그렇게 하시지 않습니다.

하나님은 그분을 믿는 자녀가 교회를 하나님의 말씀에 있는 기준 및 약속된 복과 비교해 판단하기 원하십니다. 그래서 하나님의 말씀이 최우선 자리를 차지하게 되면, 성령님의 임재가 다시 교회 안에서 빛을 발할 것입니다. 제가 간절히 보기 원하는 모습도 바로 이것입니다.

두 번째 문제는 하나님을 실망시키는 그리스도인 개개인입니다. 하나님은 사람을 창조하실 때 개개인에 대해 그분 자신의 목적을 가지셨습니다. 하나님은 우리가 위로부터 다시 태어나는 일을 알기 원하십니다. 구원의 의미를 알기 원하십니다. 우리가 그분의 영으로 채워지기를 원하시며 예배의 의미도 알기 원하십니다. 또 우리를 그분의 기이한 빛 가운데로 불러 주신 분의 영광을 반영하기 원하십니다.

만일 우리가 이 점에서 실패한다면, 우리는 차라리 태어나지 않은 편이 나을 뻔했습니다! 그러나 다시 되돌릴 길은 없습니다. 일단 태어난 후에는 이전으로 돌아갈 수 없습니다.

우리는 자신의 삶에 대해 책임이 있으며 분명히 해명해야 합니다. 겉으로 보기에 잎사귀는 무성하고 키는 큰데, 아무 열매도 맺지 못하는 무화과나무가 된다면 얼마나 비극적인 일입니까! 하나님의 아름다운 빛을 드러내는 거울이 되는 것이 하나님의 뜻이라는 사실을 알면서, 산산이 부서져 아무것도 나타내지 못하는 쓸모없는 거울이 되었다고 고백해야 한다면 얼마나 끔찍한 일입니까!

여러분, 우리는 자신이 잃어버린 것을 의식하게 된다는 사실을 분명히 아셔야 합니다. 우리는 그것을 의식하게 될 것입니다. 인간인 우리에게 가장 놀라운 사실은 하나님이 우리에게 영원한 의식을 주셨다는 것입니다. 하나님이 친히 우리에게 주신 의식이요 자각이며 감수성입니다. 인간에게 주신 선물로서 의식하고 느낄 수 있는 능력입니다. 만일 하나님이 우리에게 이런 의식을 주시지 않았다면, 무엇에도 상처 입지 못할 것입니다. 우리가 그것을 의식하지 못할 것이기 때문입니다. 만일 하나님이 인간에게 의식을 주시지 않았더라면, 지옥은 지옥이 되지 못할 것입니다. 인간이 지옥에서 영원토록 그저 잠만 잔다면 그건 지옥이라고 할 수 없을 테니까요.

그리스도인 형제자매 여러분, 하나님이 여러분에게 주신 감수성과 양심, 선택이라는 복된 선물을 항상 감사하십시오. 여러분은 지금 여러분이 있는 곳(하나님이 여러분을 두신 곳)에서 신자로서 충실하게 살고 계십니까?

만일 하나님이 우리를 어두운 데서 그분의 빛으로 불러내셨다면, 우리는 지금 하나님을 예배하고 있어야 합니다. 만일 하나님이 우리가 우리를 불러내신 주님의 아름다움과 덕을 나타내게 되어 있다는 사실을 보여 주셨다면, 우리는 지금 생활 속에서 성령님의 복과 광채를 가지고 겸손하고 기쁘게 그분을 예배하고 있어야 합니다.

하나님이 우리를 위해 지정하신 장소에서 항상 즐겁게 그분을 위해 자기 역할을 감당하지 못한다면 슬픈 일입니다. 우리는 심지어 아주 사소한 일이나 별로 중요하지 않은 사건들 때문에 하나님과의 교제, 구주 되신 예수님에 대한 영적 증거를 중단할 수도 있습니다.

제가 이전에 한 교회에서 설교할 때 있었던 일입니다. 예배가 끝난 후 그 교회 목사님과 식당에 가서 점심 식사를 함께했습니다. 그때 한 남자가 자기 아내와 함께 우리 테이블로 오더니 이런 말을 했습니다.

"목사님, 오늘 말씀 정말 잘 들었습니다. 옛날로 돌아간 기분이었습니다." 수년 전에 자신이 출석한 교회에서 있었던 사소한 사건을 기억하며 말하는 그의 두 눈에는 눈물이 맺혔고 목소리는 울먹이는 듯했습니다. "저는 그때 어리석게도 그 교회를 나왔죠. 그리고 오늘 제가 그동안 무엇을 잃어버렸는지 기억하게 되었습니다." 그는 이 말을 한 다음 작별 인사를 하고 그 자리를 떠났습니다.

그 사람은 성령님의 인도를 떠나 잘못 선택하고 함부로 판단한다는 것이 얼마나 무서운지 그 결과를 완전히 깨달은 것입니다. 그는 저의 설교에 대해 말한 것이 아닙니다. 그는 하나님의 말씀에 충실하기를 말하고 있었습니다. 주님을 사랑하는 사람 가운데 나누는 온화하고 만족스러운 교제를 말입니다. 우리가 하나님의 계시된 진리에 순종할 때에야 비로소 오는 그 아름답고 고유한 것을 그가 상실한 일에 대해 말한 것입니다.

만일 우리가 하나님을 예배하며 그분의 영광과 신실함을 보이는, 그분께 전부를 드린 정결한 백성이라면, 하나님은 우리를 통해 무엇이든 하실 수 있습니다.

우리는 또한 주변에서 죄와 불결함이 무슨 일을 하는지 의식해야 합니다. 죄에는 경계선도 없고 한계도 없습니다. 죄는 빈민가에서만 일어나지 않습니다. 우리가 어디에 있든, 그곳이 교외든 시골이든 상관없이 죄는 죄입니다. 죄가 있는 곳은 어디든지 마귀가 기승을 부리며 귀신들이 득실거립니다. 이런 죄악 된 세상에서 여러분은 하나님이 주신 영적인 빛과 의식을 가지고 무엇을 하십니까? 여러분의 친구나 여러분이 추구하는 쾌락, 매일매일의 복잡한 삶은 또 어떻습니까? 하나님이 인정하시는 곳에 있습니까?

심리학자는 만일 종교가 우리를 '괴롭히지' 않는 자리에만 머문다면, 우리가 그렇게 많은 문제를 겪지 않을 거라고 말합니다. 우리가 죄책감이라는 콤플렉스를 미련 없이 버릴 때, 우리의 개인적인 문제점 대부분이 추방된다고 말입니다.

저는 하나님이 우리를 지으시되 영원한 의식을 가진 존재로 지으셨을 뿐 아니라, 그분이 우리를 어떻게 보살피고 우리에게 어떤 관심을 가져야 할지 다 아신다는 사실에 감사드립니다. 제게는 영적인 인도와 상담을 요청하는 사람들이 찾아옵니다. 그러나 제가 그들을 위해 할 수 있는 일은 아주 미약합니다. 하나님은 굴복하고 순종하는 사람에게 그가 필요로 하는 모든 위로를 주겠다고 약속하셨습니다.

저는 토론토에 도착한 후, 어느 교양 있고 매력적인 여성과 제 사무실에서 만나기로 약속했습니다. 그녀가 제 사무실로 왔을 때, 우리는 잠시 인사를 나눈 다음 본론으로 들어갔습니다. 그녀는 자기가 룸메이트와 동성연애를 하기 때문에 몹시 괴롭다고 말하면서 자기는 그동안 이 문제에 대해 다른 전문 상담인과도 의논했다고 말했습니다. 그녀는 자기가 지금 하는 행위가 우리 시대에는 얼마든지 허용된다고 확신시켜 주기를 은근히 바라는 눈치였습니다. 그런데 저는 그렇게 하는 대신 이렇게 분명히 말했습니다.

"자매님, 자매님은 지금 동성연애라는 죄를 범하고 있습니다. 자매님이 그 죄에서 떠나 하나님의 용서와 깨끗하게 하심을 구할 때까지 하나님은 자매님에게 어떤 승인이나 위로도 주시지 않을 것입니다."

그러자 그녀는 "그게 바로 제가 들어야 할 말이라고 저도 생각합니다"라며 제 말을 인정했습니다.

목사요 그리스도인인 상담가로서 저는 도저히 그녀를 위로하거나 그녀가 시달리는 죄책감의 고통을 편안하게 해줄 수 없었습니다. 그녀는 자신의 죄를 고백하고 임마누엘의 보혈로 채워진 (깨끗하게 하는) 생명샘에 믿음으로 뛰어들지 않는다면 그 고통에서 벗어나지 못할 것입니다.

그것이 바로 회개하고 용서함 받아 온전함에 이른 사람에게 하나님이 약속하신 치료요 위로이며 필요한 힘입니다.

하나님은 여러 방법으로 그분을 예배하는 백성은 정결한 백성이 되리라고, 하나님을 기쁘시게 하고 영적으로 훈련된 삶을 즐거워하는 백성이 되리라고 확신시켜 주십니다. 성령님 안에 있는 정결함과 기쁨의 복을 발견한 사람은 절대 패하지 않습니다. 하나님에 대한 사랑과 순종 때문에 저절로 드려지게 되는 예배에서 기쁨과 만족을 발견한 교회는 절대 망하지 않습니다.

> **히브리서 1장 1-4, 8-12절**

옛적에 선지자들을 통하여 여러 부분과 여러 모양으로
우리 조상들에게 말씀하신 하나님이
이 모든 날 마지막에는 아들을 통하여 우리에게 말씀하셨으니
이 아들을 만유의 상속자로 세우시고 또 그로 말미암아 모든 세계를 지으셨느니라
이는 하나님의 영광의 광채시요 그 본체의 형상이시라
그의 능력의 말씀으로 만물을 붙드시며 죄를 정결하게 하는 일을 하시고
높은 곳에 계신 지극히 크신 이의 우편에 앉으셨느니라
그가 천사보다 훨씬 뛰어남은 그들보다 더욱 아름다운 이름을 기업으로 얻으심이니 …
아들에 관하여는 하나님이여 주의 보좌는 영영하며 주의 나라의 규는 공평한 규이니이다
주께서 의를 사랑하시고 불법을 미워하셨으니
그러므로 하나님 곧 주의 하나님이 즐거움의 기름을 주께 부어
주를 동류들보다 뛰어나게 하셨도다 하였고
또 주여 태초에 주께서 땅의 기초를 두셨으며 하늘도 주의 손으로 지으신 바라
그것들은 멸망할 것이나 오직 주는 영존할 것이요 그것들은 다 옷과 같이 낡아지리니
의복처럼 갈아입을 것이요 그것들은 옷과 같이 변할 것이나
주는 여전하여 연대가 다함이 없으리라 하였으나

WHATEVER HAPPENED TO WORSHIP?

09

진짜 그리스도인은
'예배자'입니다

A. W. TOZER

"누구를 진짜 그리스도인이라 할 수 있을까?" 이 질문에 대해서는 지금 논의되는 것보다 더 많은 토론이 이루어져야 마땅합니다. 어떤 이는 실제로는 명목상의 그리스도인이면서 자신을 진짜 그리스도인이라고 주장합니다.

제가 가지고 있는 오래된 사전을 보면 '명목상'이라는 단어의 뜻 중 하나로 다음과 같은 정의가 적혀 있습니다.

> 이름만 존재하는 것, 참 또는 실제가 아님, 이처럼 그 이름에 거의 합당하지 않을 만큼 아주 사소하고 미약한 것 또는 그와 비슷한 것.

'명목상'의 정의가 이런 만큼, 자신이 명목상 그리스도인이라는 사실을 아는 이는 이제부터 절대 '진짜' 그리스도인처럼 행세해서는 안 됩니다. 이 세상에서 여러분이 가장 소중히 여기는 보화는 주 예수 그리스도입니까? 그렇다면 여러분은 자신을 진짜 그리스도인으로 생각해도 됩니다. 예수 그리스도 안에서 발견되는 영적인 아름다움 때문에 그분을 끊임없이 예배하고 찬양하십니까? 그렇다면 여러분은 정말 하나님 말씀에 나온 정상적이요 믿음이 있고 실천적인 그리스도인에 속합니다.

이런 말에 반대하는 분이 분명 있을 것입니다. 예수님을 즐거워하며 그분의 인격에 사로잡혀 있다면 그는 진짜 그리스도인이라기보다 오히려 극단주의자가 아니냐고 말입니다. 자칭 그리스도인이라는 사람이 온 마음과 뜻과 힘을 다해 예수님을 사랑하는 일이 진짜 기독교가 아니라고 진지하게 부인하다니, 교회가 그렇게까지 세속적이고 인본주의적으로 변한 걸까요? 그럼 우리는 동일한 성경을 읽고 연구하는 것이 아닙니다!

어떻게 예수 그리스도를 따르며 그분의 제자라고 고백하는 사람이 그분의 속성에 압도당하지 않을 수 있습니까? 예수님은 그분이 지니신 이런 신적 속성 때문에 우리의 예배와 찬양을 받으시기에 온전히 합당한 만유의 주십니다. 그리스도인인 우리는 "그분을 만유의 주로 섬긴다"라고 말하기는 좋아하면서 이 말대로 실천하지는 못합니다. 저는 다음과 같은 위대한 찬송가 가사에 항상 흥미를 느낍니다.

저 해와 달과 별들이

주 영광 드러내도다

저 높은 보좌 계신 주

뭇 성도 맘에 계시네

'만유의 주'는 단순히 인생의 주보다 훨씬 더 큰 분입니다. 그분은 실존하는 모든 것의 주십니다. 그분은 모든 존재(영적 존재, 자연적 존재, 육체적 존재)의 주십니다. 따라서 우리가 그분을 제대로 예배할 때 우리는 만유를 품는 것입니다. 만유의 주 되신 예수 그리스도께서 온 우주에서 가장 높고 고결한 분이시라는 이 진리를 이해할 때, 우리는 주님을 평생 사랑할 뿐 아니라 그분을 섬기는 자신의 소명이 얼마나 중요한지도 깨닫게 됩니다.

많은 젊은이가 자기 자신을 과학에 전적으로 바칩니다. 어떤 젊은이는 기술 문명에, 또 어떤 이는 철학이나 음악 또는 미술 등에 자신을 바칩니다. 그러나 주 예수 그리스도를 예배할 때, 우리는 모든 가능한 과학과 철학 및 예술까지도 다 끌어안는 것입니다. 이것이 다른 종교를 믿는 사람들, 예수 그리스도께서 인간이라는 사실은 기꺼이 인정하지만, 하나님의 영원한 아들로서 성부와 하나라고 하신 그분 자신의 주장은 인정하지 않는 사람에게 우리가 줄 수 있는 답변입니다.

우리는 그분이 인간이라고 고백합니다. 그들은 그렇다면 인간 예수 그리스도를 예배하는 일은 우상 숭배의 죄를 범하는 것이 아니냐고 지적합니다. 물론 우리는 예수님이 인자로 우리 가운데 오신 것을 믿습니다. 동시에 성경에 기록된 모든 것을 다 믿습니다. 성경에는 예수님이 성부 하나님의 독생자이시라고 기록되어 있습니다. 따라서 예수님은 하나님도 되십니다.

예수 그리스도께서는 성육신이라는 신비를 통해 완전한 인간이 되셨습니다. 그 영원한 계획은 하나님을 인간 수준으로 끌어내리는 것이 아니라, 그 아들을 위해 인간을 하나님께로 이끌어 올린 신비입니다. 이처럼 우리는 하나님의 본성과 인간의 본성의 연합이라는, 즉 하나님과 인간이 하나 되는 아름다움과 경이로움의 수혜자가 되었습니다.

신성과 인성이 연합한 이 독특한 신비를 요약하자면 이렇습니다. 즉 하나님이 어떤 분이시든 그리스도께서도 동일하십니다. 따라서 우리가 주 예수 그리스도께 예배드릴 때, 우리는 성부 하나님을 불쾌하게 하지 않습니다. 예수님은 만유의 주시요,

모든 인생의 주십니다. 사도 요한은 그의 첫 번째 서신에서 만일 예수님이 우리에게 영생의 참 의미를 보여 주기 위해 성부께로부터 오시지 않았다면, 우리 중 생명의 의미를 조금이라도 알 수 있는 사람은 하나도 없을 것이라고 분명히 말했습니다. 그런데 그리스도께서 오셨습니다. 그 결과 우리의 사귐은 아버지와 그 아들 예수 그리스도와 함께한다고 확신시켜 주고 있습니다.

찰스 웨슬리(Charles Wesley)가 지은 "비바람이 칠 때와"(Jesus lover of my soul)라는 찬송가를 보십시오. 그 찬송은 그리스도께서 구속받고 예배드리는 사람을 위한 생명수가 되신다는 진리를 잘 표현합니다.

나의 죄를 사하는
주의 은혜 크도다
생명수로 고치사
나를 정케 하소서

생명수는 예수니
마시게 하옵시고

샘물처럼 내 맘에

솟아나게 하소서

생명에도 여러 종류가 있습니다. 그런데 예수님은 모든 종류의 생명의 주십니다. 우리는 봄이 되면 나무와 관목들에 새싹이 여기저기 돋아나는 것을 봅니다. 그 싹들은 계속 자라나 결국 꽃으로 활짝 피어날 것입니다. 그러면 우리는 곧 새들이 돌아올 것을 기대합니다. 토끼와 다른 동물들도 목격됩니다. 그들 역시 그들 자신만의 생명을 갖고 있습니다. 그리스도께서는 이 모두를 창조하신 그들의 주십니다.

이 외에 다른 영역의 생명도 있습니다. 예를 들어 지적인 생명(상상과 꿈의 생명)이 있습니다. 우리는 영적인 생명도 조금 압니다. "하나님은 영이시니 예배하는 자가 영과 진리로 예배할지니라"(요 4:24). 하나님의 영원하신 아들이 우리의 주십니다. 그분은 천사들의 주시요 스랍과 그룹의 주십니다. 바로 이 예수님이 모든 종류의 생명의 주가 되십니다.

이 시대에는 예수 그리스도께서 모든 지혜의 주시며 모든 의의 주시라는 사실을 아는 일이 중요합니다. 예수님 안에서 발견되지 않는 참 지혜란 하나도 없습니다. 하나님의 심원하고 영원한 모든 목적이 예수님 안에 거합니다. 예수님은 그분의 완전한 지혜 때문에 훨씬 전부터 계획하실 수 있기 때문입니다. 모든 역사는 그분의 영원한 계획이 서서히 나타난 것입니다.

그 지혜로 하나님은 모든 것이 주님 안에서 성취될 날에 그분의 영광을 나타내기 위해 선인뿐 아니라 악인도 지으시며 순조로운 환경뿐 아니라 역경도 지으십니다.

성경은 그리스도께서 어떻게 모든 의의 주가 되시는지 그 개념을 우리에게 많이 제시해 줍니다. '의'라는 말은 잃어버린 세상에 사는 잃어버린 바 된 인간이 쉽게 받아들일 말이 아닙니다. 어떤 사람은 "나는 윤리를 다룬 좋은 책 정도면 만족해"라고 말합니다. 그러나 '하나님의 말씀 밖에서는' 의에 대해 만족스러운 대답을 줄 만한 책이나 논문이 전혀 없습니다. 모든 의의 주는 오직 우리 주 예수 그리스도 한 분뿐이기 때문입니다. 하나님 나라의 홀이 바로 의의 홀입니다. 예수님은 온 우주에서 의를 온전히 사랑하고 불의를 온전히 미워하는 유일한 분이십니다.

구약 시대 때 예배드리는 성전 제도의 그림자 속에 의의 모습이 있습니다. 대제사장은 1년에 한 번 희생 제물을 드리기 위해 지성소에 들어갔습니다. 그는 이마에 관을 썼는데, 거기에는 '여호와께 성결'이라는 뜻의 히브리어가 적혀 있었습니다. 우리의 대제사장이자 중보자는 의롭고 거룩한 분, 우리의 부활하신 주 예수 그리스도십니다. 그분은 의로우실 뿐 아니라 모든 의의 주십니다. 그분은 모든 자비의 주십니다. 그분 말고 누가 반역자를 친히 구속하여 그 안에 바른 영을 소생시키고 그 위에 자기 왕국을 세우겠습니까?

저와 함께 아름다움에 대해, 모든 아름다움의 주 되신 예수님에 대해 생각해 봅시다. 우리가 아름다운 것에 보이는 반응과 아름다움을 즐기는 성향으로 미루어 볼 때, 하나님이 인간에게 아름다움을 이해하고 음미하는 능력을 주셨다는 사실을 알 수 있습니다. 하나님은 우리에게 조화로운 형태를 사랑하며 아름다운 소리와 색채를 사랑하고 음미할 줄 아는 마음을 주셨습니다.

그런데 많은 사람이 이해하지 못하는 사실이 있습니다. 곧 우리 눈과 귀를 그처럼 즐겁게 하는 모든 아름다운 것이 실은 보다 심원하고 영속적인 미(우리가 영적인 아름다움이라 부르는)의 외적 사본에 지나지 않는다는 사실입니다. 예수 그리스도를 생각해 보십시오. 역사 이래 지금까지 예수님의 독특하고 온전한 내적 아름다움은 그분의 적마저 매료시켰습니다. 히틀러(Hitler)가 예수님의 영적인 온전함에 반대하는 말을 했다는 기록도 없습니다. 위대한 철학자 중 한 사람인 니체(Nietzche), 반기독교 세력의 도구였던 그는 이마로 마루를 치며 "나는 예수님을 사랑한다. 그러나 바울은 싫어한다"라고 신음하며 죽었다고 합니다. 니체는 믿음으로 말미암아 의롭게 되고 구원받는다는 바울의 신학에는 반대했지만 이상하게도 모든 아름다움의 주요, 그리스도이신 예수님의 생애와 인품 속에서 발견된 온전한 아름다움에는 그 마음이 동했습니다.

우리는 예수님 안에서 이 온전함을 봅니다. 그러나 이 세상 체계와 사회를 자세히 들여다보면 죄의 추하고 끔찍한 상처를 보게 됩니다. 죄는 이 세상을 비대칭적으로 만들고 추한 불협화음을 일으키며 더러운 흉터를 남겨 본모습을 훼손했습니다. 심지어 지옥까지 추악함으로 가득 채웠습니다.

만일 아름다운 것을 사랑한다면, 지옥 밖에 머무는 편이 좋을 것입니다. 지옥은 도덕적으로 추하고 음탕한 모든 것의 화신이기 때문입니다. 지옥은 모든 창조 중에서 가장 추한 곳입니다. 입이 거친 사람이 무언가를 가리켜 "지옥만큼 추하다"라고 할 때, 그들은 적절하고 타당한 비유를 든 것입니다. 우리는 모든 추함을 지옥이라는 실체와 견주어 측정할 수 있습니다.

하나님이 천국이라는 가장 아름다운 곳을 우리에게 약속하시고 우리가 천국을 기대하게 하신 일에 감사하십시오. 천국은 모든 것이 조화를 이루는 곳입니다. 천국은 사랑스러운 곳입니다. 아름다움의 극치인 예수님이 계신 곳입니다. 그분은 모든 아름다움의 주십니다.

형제자매 여러분, 이 땅은 지옥의 모든 추한 것들과 천국의 모든 아름다움 그 사이에 놓여 있습니다. 따라서 이 땅에 사는 한, 우리는 이 양극단에 있는 것을 다 고려해야 합니다. 빛과 어두움, 아름다움과 추함, 많은 선과 많은 악, 기쁘고 즐거운 것과 비극적이며 불쾌한 것들.

언젠가 어떤 사람이 제게 전화를 걸어 다음과 같은 질문을 했습니다. "목사님, 목사님은 그리스도인이 다른 그리스도인에게 상처를 줄 수 있다고 생각하십니까?" 저는 "예, 저는 얼마든지 그럴 수 있다고 생각합니다"라고 답할 수밖에 없었습니다.

왜 어떤 그리스도인은 무릎을 꿇고 간절히 기도한 다음날, 나가서 다른 그리스도인을 불쾌하게 하거나 해를 입히는 죄를 범하는 것일까요? 그 이유는 우리 모두 천국과 지옥 사이에 있기 때문이라고 생각합니다. 빛과 그림자가 동시에 우리 위에 떨어지고 있기 때문입니다. 그 질문에 대한 가장 좋은 답은 우리가 이 모두로부터 구원받았기 때문이라고 말할 수 있습니다.

모든 아름다움의 주께서는 그분의 백성을 죄라는 추함에서 구원하십니다. 우리 주 예수 그리스도께서는 우리를 구원하여 아름다운 천국으로 데려가기 위해 이 추하고 이기적이며 폭력이 난무하는 세상에 오셨습니다. 모든 아름다움의 주 되신 예수님이 우리를 구속하기 위해 견디신 그 무섭고 끔찍한 희생을 우리는 평생을 가도 이해하지 못할 것입니다.

이사야 선지자는 오실 메시아에 대해 이렇게 말했습니다. "[그에게는] 흠모할 만한 아름다운 것이 없도다"(사 53:2). 저는 그동안 화가들이 인간 예수님을 적절하게 그렸다고 생각하지 않습니다. 그들은 예수님을 아주 부드럽고 여성적인 얼굴을 가진 아름다운 남자로 그려 놓고 있습니다. 그들은 "우리가 보기에 흠모할 만한 아름다운 것이 없도다"라는 성경 말씀을 무시하고 있습니다.

예수님은 인간 가운데 계신 강한 인간으로서 완전히 우리 중 하나가 되셨습니다. 그분의 모습은 제자들과 너무도 비슷했기 때문에 유다는 예수님을 잡으러 온 자들이 그분을 알아볼 수 있도록 특별한 신호를 짜야 했습니다. "내가 입맞추는 자가 그이니"(막 14:44).

그러니 우리가 영원하신 하나님의 아들이 인간의 형체를 입으셨을 때 그분의 영혼만이 아름다웠다고 말하는 것도 당연합니다. 예수님이 변화산에서 갑자기 변화되셨을 때 "그 얼굴이 해 같이 빛나며 옷이 빛과 같이 희어졌습니다"(참조. 마 17:2). 예수님 곁에 가장 가까이 있던 제자들도 그때에만 주님이 얼마나 아름다우신지 볼 수 있었습니다. 예수님이 사람 사이에서 걸어 다니실 때는 그분의 온전한 아름다움이 감추어져 있었습니다.

구약의 예표와 인물을 보면, 천국의 신랑을 기다리는 신부로서 준비된 그리스도의 몸, 곧 교회를 특징 짓는 은혜와 아름다움이 무엇인지 나타내는 아주 좋은 예가 있습니다.

창세기 24장에 나오는 이삭과 리브가의 인상적인 이야기입니다. 아브라함은 이삭을 위한 신붓감을 고르기 위해 신복을 자신의 고향으로 보냅니다. 물론 리브가는 아브라함의 종이 실시한 테스트를 모두 통과했습니다. 거기에는 리브가의 아름다움에 대해서는 한마디도 나오지 않지만 그녀는 아름다웠을 것입니다.

그녀를 아름답게 꾸민 장식품은, 아직 한 번도 본 적이 없는 신랑이 보낸 사랑의 선물이었습니다.

이 이야기는 지금 하나님이 이곳 우리 가운데서 무엇을 행하고 계시는지 생각나게 합니다. 여기서 아브라함은 성부이신 하나님의 예표입니다. 이삭은 천국 신랑인 우리 주 예수 그리스도의 예표입니다. 그리고 신랑의 선물을 가지고 이삭을 위해 신부를 구하러 먼 땅으로 간 종은 우리의 교사요, 위로자 되신 성령님을 예표합니다.

한 가지 질문을 던져 보겠습니다. 하나님이 우리 한 사람 한 사람을 믿음으로 구원하셨습니다. 그리고 주님의 재림을 기다리는 그리스도의 몸 된 교회의 한 지체로 삼아 주셨습니다. 몸 된 우리가 어떻게 아름다움을 드러낼 수 있을까요? 하나님은 이것을 우연에 맡기지 않으셨습니다.

하나님은 우리 한 사람 한 사람에게, 아브라함의 종이 이삭을 대신해 리브가에게 준 그 진주와 보석들로 불완전하게 예표된 선물, 곧 성령의 은혜를 주십니다. 이렇게 우리는 신랑을 위해 준비됩니다. 그리고 우리의 오실 주요 왕 되신 예수 그리스도를 만날 때, 우리 하나님이 주신 은혜와 선물들이 장식품이 되어 우리를 치장할 것입니다. 그렇게 우리는 모든 아름다움의 주가 되신 분과 함께 서 있을 수 있게 됩니다.

만일 여러분이 예수님을 모르며 그분을 예배하지 않는다면, 예수님이 계신 곳에 살기를 사모하지 않는다면, 예수님이 십자가에 못 박혔다 부활하신 일로 인해 영혼 안에 기이함과 황홀함을 전혀 느껴 보지 못했다면, 그렇다면 여러분이 아무리 그리스도인이라 주장해도 소용없습니다. 그것은 진정한 그리스도인의 삶이요 체험이라 할 수 없습니다.

주님을 기다리는 동안 그리스도인인 우리는 우리 삶 속에 있는 모든 추한 것을 기꺼이 십자가에 못 박아야 합니다. 우리는 정말 영과 진리로 모든 아름다움의 주 되신 예수님을 예배해야 합니다. 그런데 많은 그리스도인이 훈계받아야 할 때 환대받을 것을 고집하기 때문에, 이런 일이 별로 일어나지 못하는 실정입니다.

저는 기독교선교연맹(CMA)의 창시자인 앨버트 심프슨(Albert B. Simpson) 박사의 생애와 사역을 통해 오랫동안 많은 것을 배웠습니다. 저는 이 자리에서 우리가 하나님의 선한 선물들에 너무 사로잡히면, 정작 선물을 주신 분을 예배하지 못할 수도 있다는 그의 경고를 전해 드립니다. 심프슨 박사는 잉글랜드에서 열린 한 사경회에서 '성화'라는 주제로 말씀을 증거해 달라는 초청을 받았습니다. 그곳에 도착한 심프슨 박사는 다른 성경 교사 두 명도 그 강단에서 말씀을 전할 예정이라는 사실을 알게 되었습니다. 그런데 세 사람은 모두 '성화'라는 똑같은 제목을 가지고 설교하게 되어 있었습니다.

첫 번째 연사가 나왔습니다. 그는 성화란 곧 죄를 뿌리째 뽑는 것을 의미한다는 자신의 입장을 분명히 밝혔습니다. "성화된 사람은 마치 여러분이 정원에서 잡초를 뽑아 버리듯 자신의 육체적인 옛 본성을 뿌리째 뽑아 버린 사람입니다."

두 번째 연사는 일어서더니 성화란 옛 본성을 억압하는 것이라고 말했습니다. "그 '옛사람'은 항상 그곳에 있을 것입니다. 다만 여러분은 그 뚜껑 위에 앉아 그것을 계속 내리누름으로써 옛사람이 제풀에 지치게 만드는 것입니다. 이처럼 우리는 그 옛사람을 억눌러야 합니다."

세 번째이자 마지막 연사로 설교하게 된 심프슨 박사로서는 결코 쉬운 상황이 아니었습니다. 그는 청중에게 하나님의 답으로서 오직 그리스도를 제시할 수 있을 뿐이라고 말했습니다. "예수 그리스도께서는 우리를 성화시키시는 분이요, 우리의 성화 그 자체요. 우리의 모든 것입니다. 하나님은 우리가 선물과 공식과 테크닉들로부터 눈을 떼어 선물을 주신 분인 그리스도께 눈을 고정하기 원하십니다. 우리의 주는 예수님이십니다. 그러니 예수님을 예배하십시오."

진짜 그리스도인의 삶을 갈망하는 사람에게 예배로 나아오게 하는 아주 멋진 말씀이지 않습니까!

은혜 구한 내게
은혜로 오신 주님!

출애굽기 3장 1-6절

모세가 그의 장인 미디안 제사장 이드로의 양 떼를 치더니
그 떼를 광야 서쪽으로 인도하여 하나님의 산 호렙에 이르매
여호와의 사자가 떨기나무 가운데로부터 나오는 불꽃 안에서 그에게 나타나시니라
그가 보니 떨기나무에 불이 붙었으나 그 떨기나무가 사라지지 아니하는지라
이에 모세가 이르되 내가 돌이켜 가서 이 큰 광경을 보리라
떨기나무가 어찌하여 타지 아니하는고 하니
그 때에 여호와께서 그가 보려고 돌이켜 오는 것을 보신지라
하나님이 떨기나무 가운데서 그를 불러 이르시되
모세야 모세야 하시매 그가 이르되 내가 여기 있나이다
하나님이 이르시되 이리로 가까이 오지 말라
네가 선 곳은 거룩한 땅이니 네 발에서 신을 벗으라
또 이르시되 나는 네 조상의 하나님이니
아브라함의 하나님, 이삭의 하나님, 야곱의 하나님이니라
모세가 하나님 뵈옵기를 두려워하여 얼굴을 가리매

WHATEVER HAPPENED TO WORSHIP?

10
·

진짜 예배자는
모든 삶과 생각을 드립니다

A.W. TOZER

여러분은 복음을 전파하는 교회에 들어갈 때면 하나님을 경외하는 마음에서 조용히 고개를 숙이십니까? 여러분이 "아니오"라고 대답한다 해도 저는 놀라지 않습니다.

저는 보통 교회에 들어갈 때면 슬픔을 느낍니다. 왜냐고요? 우리 세대는 우리가 드리는 예배에 담긴 모든 거룩한 의식을 빠르게 상실하고 있기 때문입니다. 우리가 그동안 교회에서 양육한 많은 사람은 더 이상 경외심이란 개념을 갖고 있지 않습니다. 그 말은 곧 그들이 그곳에 계신 하나님의 임재를 의심한다는 뜻도 됩니다.

이 나라의 교회를 한번 보십시오. 너무도 많은 교회가 아무거나 다 괜찮다는 식의 태도를 취합니다. 우리 가운데 계신 하나님을 의식하지 못한다는 사실은 말할 수 없이 큰 상실입니다. 하나님을 기쁘시게 하는 영적 생활을 사모하고 그리워하기보다는 훨씬 더 큰 호소력을 가진 듯 보이는 세상적인 세속주의를 자꾸 교회 안으로 받아들인 일이 가장 큰 원인일 것입니다.

우리는 하나님을 세속화하고 그리스도의 복음을 세속화하며 예배를 세속화합니다. 이런 교회에서는 영적으로 크고 능력 있는 하나님의 사람이 한 명도 나오지 않습니다. 이런 교회에서는 믿음의 기도와 부흥이 일어나는 위대한 영적 운동이 전혀 나타나지 않습니다. 하나님이 존귀와 경배와 진정한 예배를 받으시려면 아마 우리를 모두 쓸어버리고 다른 곳에서 새롭게 시작하셔야만 할지도 모릅니다.

우리에게는 정말 진정한 예배가 필요합니다. 만일 하나님이 성경이 말하는 하나님이시요 우리가 정말 하나님을 믿는 백성이라면, 우리는 하나님을 예배해야 합니다. 그렇지만 만일 우리가 성령님의 역사로 위로부터 거듭나 하나님을 영적이요 인격적으로 만난 적이 한 번도 없다면, 우리는 하나님을 깊이 흠모하며 드리는 예배 속에서 진정한 기쁨을 발견할 수 없습니다!

우리는 사람들을 하나님 나라로 데려올 때 듣기 좋은 말로 거의 세속화된 방식으로 데려옵니다. 그래서 하나님을 일대일로 대면하는 위기를 통해 기꺼이 그분을 구하고자 하는 사람을 더 이상 발견할 수 없습니다. 우리가 그들을 교회로 데려올 때, 그들은 하나님을 사랑하고 예배한다는 것이 무슨 뜻인지 전혀 모릅니다. 왜냐하면 우리가 그들을 데려온 과정 속에는 용서를 약속하는 성경 구절만 있지 인격적 대면이라든가, 개인적 위기, 회개의 필요성 같은 것이 전혀 없기 때문입니다.

오, 제가 우리의 예배를 받으시기에 합당한 주님의 영광을 제대로 설명할 수 있다면 얼마나 좋을까요! 새로 회심한 사람(그리스도 안에서 갓난아기)이 그리스도의 수천 가지 속성을 볼 수 있다면, 아니 그분에 대해 조금이라도 이해할 수 있다면, 그들은 아마 지금부터 영원토록 주님을 예배하고 공경하며 알고 싶은 간절한 소원 때문에 거의 기절할 정도일 것입니다.

저는 낙심한 많은 그리스도인이 하나님의 주권을 진정으로 믿지 않는다는 사실을 압니다. 그럴 경우 우리는 하나님과 그리스도를 겸손하게 믿고 따르는 제자로서의 역할을 감당하지 못하는 것입니다.

그러나 바로 이것이 예수 그리스도께서 이 세상에 오신 이유입니다. 옛 신학자는 이를 가리켜 신인 일체론(theanthropism)이라 불렀습니다. 이것은 엄청난 신비로 저는 이 신비 앞에 경외심을 품습니다. 저는 이 떨기나무 불꽃 앞에서, 제가 이해하지 못하는 이 신비 앞에서 신발을 벗고 무릎을 꿇습니다. 이는 신성과 인성이 한 위격 안에서 연합된 신비입니다. 두 인격이 아니라 두 본성이 말입니다. 하나님의 본성과 인간의 본성이 우리 주 예수 그리스도 안에서 하나가 되었습니다.

모세가 광야에서 불이 붙고도 소멸되지 않는 떨기나무를 보았을 때 어떻게 했는지 한번 생각해 보십시오. 그는 주저 없이 그 떨기나무 앞에 엎드려 하나님을 예배했습니다. 그는 떨기나무에 예배한 것이 아닙니다. 그 떨기나무에 역사하신 하나님과 하나님의 영광을 예배했습니다. 그래도 그것은 불완전한 예입니다. 왜냐하면 떨기나무에서 그 불꽃이 사라지자 다시 본래의 떨기나무로 돌아갔기 때문입니다.

그러나 이 사람이신 예수 그리스도께서는 영원토록 하나님의 아들이십니다. 이 신비의 충만함 속에서는 어떤 분리도 없습니다. 예수님이 "나의 하나님, 나의 하나님, 어찌하여 나를 버리셨나이까"(참조. 마 27:46)라고 부르짖던 그 끔찍한 순간을 제외하고는 말입니다. 성자 예수 그리스도께서 우리의 그 모든 더러운 죄를 짊어지고, 자신의 죄가 아닌 우리의 죄를 위해 십자가에 못 박혀 죽으실 때, 성부 하나님이 한동안 얼굴을 돌리셨습니다.

예수님 안에서 신성과 인성은 서로 떨어진 적이 없습니다. 그 둘은 지금까지 예수님 안에서 하나로 연합된 채 남아 있습니다. 따라서 우리가 예수님 앞에 무릎 꿇고 "나의 주님, 나의 하나님이시여, 하나님의 보좌는 영원 무궁하십니다"라고 말씀드릴 때, 그것은 곧 하나님께 말씀드리는 것입니다.

하나님의 선지자들은 오늘날 우리가 우주를 측량하는 망원경이나 다른 기구들을 가지고 할 수 있는 것보다 훨씬 더 멀리까지 하나님의 신비를 바라볼 수 있었습니다. 선지자들은 주님을 우리 하나님으로 보았습니다. 그들은 아름다우신 주님을 뵙고 바로 그 주님을 묘사하려 애썼습니다. 그들은 그분을 눈부실 정도로 아름다우며 공의롭고 매력적인 분으로 묘사했습니다. 그들은 그분이 충성되며 은혜로우시다고 했습니다. 그분을 위엄 있는 분으로 묘사했지만 또한 온유하시다고 했습니다. 그분을 의와 진리가 충만한 분으로 보았습니다. 그분의 사랑은 기꺼이 즐겁게 하는 사랑이요 향기로운 사랑이라고 했습니다.

만일 선지자들이 저를 위해, 그들에게 나타나 그들을 다루신 하나님의 속성과 은혜와 가치에 대해 묘사하려 애쓴다면, 저는 무릎을 꿇고 "그는 네 주인이시니 너는 그를 경배할지어다"(시 45:11)라고 한 충고에 따를 수 있을 것 같습니다.

주님은 공평하시며 위엄이 있으시며 자비로우십니다. 물론 그분의 자비로움은 위엄 있는 자비로움입니다. 그분은 또한 온유하십니다. 그러나 마찬가지로 그분의 온유함은 위엄 있는 온유함입니다. 예수님의 온유함과 위엄. 제가 그것을 찬양하는 가사를 쓰거나 곡을 작곡할 수 있다면 얼마나 좋겠습니까? 예수님 말고 온유함과 위엄이 하나로 연합된 분이 또 어디 있습니까? 그 온유함은 예수님의 인성이요 그 위엄은 예수님의 신성입니다. 그 둘은 주님 안에 영원토록 연합되어 있습니다. 그분은 어머니 젖을 먹고 자랐고, 여느 다른 아기처럼 울었고, 모든 아이가 필요로 하는 인간적인 보살핌을 다 받으셨을 만큼 그렇게 온유하십니다.

그러나 예수님은 또한 하나님이십니다. 예수님은 그 위엄으로 헤롯과 빌라도 앞에 섰습니다. 주님은 하늘로부터 다시 돌아오실 때 자신의 위엄, 즉 하나님의 위엄을 입고 오십니다. 그러나 그분은 또 하나님인 인간의 위엄을 지니고 오십니다. 이분이 바로 우리 주 예수 그리스도이십니다. 그분은 그의 원수들 앞에서는 위엄 있게 서 계시지만 그의 친구들에게는 온유함으로 찾아오십니다.

예수님이 이 땅에 계실 때 아이들이 그분께 찾아왔습니다. 병들고 아픈 자가 그분에게 찾아왔으며 귀신 들린 자가 그분을 찾아왔습니다. 자신의 필요를 아는 사람이 각처에서 찾아와 그분을 만졌습니다. 그리고 그분의 능력이 나가 그들을 치료하는 것을 보며 그분의 온유하심을 발견했습니다.

그런데 주님이 다시 인간에게 나타나실 때는 위엄 있는 모습으로 찾아오십니다. 그분은 왕으로서 위엄 속에서 인류의 교만과 자만심과 자기 충족감을 다루십니다. 주께 모든 무릎이 꿇겠고 모든 혀가 그분을 주요, 왕으로 고백하리라고 성경은 말하고 있습니다. 그분을 진정으로 알려면 그분을 사랑하고 예배해야 합니다.

우리는 하나님의 백성임에도 불구하고 종종 혼란에 빠지고 연약하며 비틀거리고 실수를 자주 저지릅니다. 이 말은 우리 중 아주 많은 사람에게 해당됩니다. 우리는 항상 예배를 교회에나 가서 드리는 것으로 생각하기 때문입니다.

우리는 교회를 하나님의 집이라 부르며 그곳을 하나님께 바칩니다. 그래서 그곳이 우리가 하나님을 예배하는 유일한 장소라고 잘못 생각합니다. 우리는 벽돌과 나무로 지어지고 양탄자가 깔린 여호와의 집에 갑니다. 우리는 목사가 예배 순서지에 따라 "여호와께서는 거룩한 성전에 계십니다. 우리 모두 그분 앞에 무릎 꿇읍시다"라고 말하는 소리에 아주 익숙해져 있습니다.

예배는 주일에 교회에서 드리는 것입니다. 그것까지는 좋습니다! 그러나 곧 월요일 아침이 됩니다. 주일에 교회에서 예배를 드린 평신도는 사무실로 출근하고, 그리스도인 교사는 학교로 가며, 그리스도인 엄마는 집에서 여러 가지 일로 바쁩니다. 월요일에, 그러니까 우리가 일상적인 의무와 과업을 수행하려 할 때, 우리는 과연 하나님의 임재를 의식합니까?

여호와께서는 우리가 어디에 있든 여전히 그분의 거룩한 성전인 우리 안에 거하기 원하십니다. 그분은 우리가 어디서 일하든 그분의 자녀들이 계속 그분을 사랑하며 즐거워하고 예배드리기 원하십니다.

한 사업가가 월요일 아침에 자기 사무실로 들어갈 때 마음속으로 "여호와는 나의 사무실에 계신다. 온 세상이 그분 앞에서 잠잠할지어다"라는 예배로의 부르심을 갖고 들어간다면 얼마나 아름답겠습니까? 만일 월요일에 우리의 책임을 행하면서 여호와를 예배할 수 없다면, 우리는 아마 주일에도 그분을 예배하지 않았을 것입니다! 우리 중에 하나님을 바보로 만들 수 있는 사람은 한 사람도 없습니다. 우리가 토요일에 그분의 임재와 예배에서 멀리 떨어진 것을 추구한다면, 우리는 주일에 하나님을 예배할 준비가 제대로 되었다고 볼 수 없습니다.

제 생각에 많은 사람이 하나님은 예배당 안에만 계시다고 생각하는 것 같습니다. 그래서 예배를 마치고 집으로 향할 때면 교회라는 큰 상자에 하나님을 남겨 둔 채, 향수병 비슷한 감정만을 가져갑니다. 그러나 하나님은 그러시지 않습니다. 우리도 그것을 압니다. 그런데 그러면서 지금 무엇을 하고 있습니까?

하나님은 우리의 자동차나 가정 혹은 사무실에 감금되어 계시지 않는 것과 마찬가지로 한 건물 안에 감금되어 계시지 않습니다. 바울이 고린도 교인에게 한 다음과 같은 간곡한 권고는 당시뿐만 아니라 오늘날 우리 생활에도 아주 타당한 권고입니다.

> "너희는 너희가 하나님의 성전인 것과
> 하나님의 성령이 너희 안에 계시는 것을 알지 못하느냐
> 누구든지 하나님의 성전을 더럽히면
> 하나님이 그 사람을 멸하시리라

하나님의 성전은 거룩하니
너희도 그러하니라"(고전 3:16,17).

우리의 사무실, 공장, 가정에 하나님이 거하심을 알지 못한다면, 하나님은 우리가 출석하는 교회에도 계시지 않을 것입니다.

저는 오하이오주 애크론(Akron)에 있는 한 타이어 공장에서 일하던 어린 시절에 그리스도인이 되었습니다. 저는 거기서도 역시 하나님을 예배했던 사실을 기억하고 있습니다. 저는 하나님을 예배할 때 눈물도 많이 흘렸는데, 왜 우느냐고 묻는 사람이 하나도 없었습니다. 그러나 설사 그런 질문을 받았다 해도 저는 서슴없이 그 눈물에 대해 설명해 주었을 것입니다.

우리는 어떤 기술을 배울 때 그 기술이 손에 익어 어떤 상황에서든 자동적으로 할 수 있을 때까지 연습합니다. 저도 그때 제 일을 아주 잘 해낼 수 있을 만큼 익혔습니다. 그런 다음에는 두 손으로 바쁘게 일하면서도 하나님을 예배할 수 있었습니다. 저는 그때 하나님의 사랑이 우리 안에 있고 하나님의 성령이 우리 안에 찬양을 불어넣어 주신다면, 우리가 예배드릴 때(우리는 공장 작업대의 드릴 앞에서도 얼마든지 예배드릴 수 있습니다) 천국에 있는 모든 악기가 갑자기 연주되며 그 예배를 전적으로 지원한다는 사실을 알게 되었습니다.

제 경험에 비추어 볼 때 우리의 삶 전체, 인간으로서 우리의 온 마음가짐이 하나님을 향한 예배가 될 수 있습니다.

여러분 안에서 하나님을 예배하기 위해 분투하는 것으로는 무엇이 있습니까? 믿음, 사랑, 순종, 충성, 행실 이 모든 것이 우리 안에서 하나님을 예배하기 위해 분투하고 있습니다. 만일 우리 안에 하나님을 향한 예배를 거부하는 마음이 조금이라도 있다면, 우리 안에는 하나님을 예배하는 마음이 하나도 없는 셈입니다. 우리가 자신의 삶을 여러 부분으로 나누어 어떤 영역에서는 하나님을 예배하고 어떤 영역에서는 하나님을 예배하지 않는다면, 우리는 마땅히 드려야 할 만큼 하나님을 예배하지 않는 것입니다.

예배는 오직 교회 안에서나, 위험한 폭풍을 만났을 때나, 어떤 특별한 일에 부딪혔을 때, 혹은 우리 주변에 있는 자연의 장엄한 아름다움 앞에서나 드리는 것이라는 생각은 아주 잘못입니다. 저는 높은 산에서 몹시 가파른 낭떠러지 위에 서면 갑자기 영적으로 변하는 사람들을 본 적이 있습니다! 우리도 이와 비슷

할 때가 있습니다. 그러면 어떤 사람은 "예수님 만세!"라고 소리치기 시작하거나 아니면 다른 소박한 표현을 합니다.

형제자매 여러분, 만일 우리가 성령님의 역사로 말미암아 우리 안에 기쁨과 즐거움, 경이가 계속 자라가는 하나님의 백성이라면 우리는 주님이 얼마나 영광스러운 분이신지 알기 위해 굳이 산 위에서 폭풍을 만날 필요가 없습니다. 우리가 폭풍이나 별들 혹은 광활한 우주 앞에서 마음이 탁 트여 갑자기 시적인 감정을 느끼는 것을 영적이라고 생각한다면 그것은 큰 착각입니다. 술주정뱅이나 독재자 또는 범법자도 얼마든지 그와 같은 '장엄한' 느낌을 가질 수 있습니다.

만일 제 삶 속에 하나님을 불쾌하게 하는 것을 계속 갖고 있다면, 저는 하나님을 전적으로 기쁘시게 하는 예배를 절대 드리지 못합니다. 주일에 진정으로 기뻐하며 하나님을 예배할 수 없을뿐더러 월요일에도 그분을 예배할 수 없습니다. 저는 주일에는 기쁜 노래로 하나님을 예배하고 월요일과 화요일에는 일과 속에서 하나님을 불쾌하게 할 수 없습니다.

예배에 관한 제 견해를 다시 한번 말씀드립니다. 우리 안에 하나님을 불쾌하게 하는 것이 모두 없어질 때까지는 어떤 예배도 하나님을 전적으로 기쁘시게 할 수 없습니다. 이 정의를 들으니 너무 낙심이 된다고요?

만일 여러분이 성령님 안에서 어떤 격려를 받을 수 있을 만큼 오랫동안 참고 제 말을 들으신다면 제가 한 말씀 드리겠습니다. 저는 육체 안에 있는 사람을 격려할 생각이 전혀 없습니다. 저는 사람을 별로 믿지 않습니다. 물론 사람이 가진 좋은 의도는 존경합니다. 그들의 의도가 좋다는 것은 저도 잘 아니까요. 그러나 육체 안에 있는 자는 자신이 가진 그 선한 의도를 충족시킬 수 없습니다. 왜냐하면 우리는 죄인이며, 우리가 예수 그리스도 안에서 승리와 기쁨과 복의 원천을 발견할 때까지는 모두 곤경에 빠져 있기 때문입니다.

예수 그리스도께서 찾아오셔서 우리를 변화시켜 주실 때까지는, 그분이 우리 안에 사시며 우리의 본성을 전능하신 하나님 아버지와 연합시켜 주실 때까지는, 우리 중 누구 안에도 선한 것이 하나도 없습니다. 그때까지 우리는 자신을 선하다 부를 수 없습니다.

제가 우리의 예배는 전적이어야 한다고 말씀드린 것도 바로 이런 이유 때문입니다. 예배에는 우리의 전 존재가 포함되어야 합니다. 하나님을 예배하기 위한 준비가 항상 즐겁지만은 않은 이유도 이 때문입니다. 우리의 삶 속에서 반드시 일어나야 할 혁명적인 변화가 필요할지도 모릅니다. 참되고 복된 예배를 드리려면 우리의 삶 속에 있는 어떤 것들이 반드시 파괴되고 제거되어야 합니다. 예수 그리스도의 복음은 분명히 긍정적이요 건설적입니다. 그러나 하나님을 기쁘시게 하는 삶 속에 남아 있을 수 없는 어떤 요소를 다루는 데는 틀림없이 파괴적입니다.

이렇게 말하면 항상 "저는 예수님의 이름으로 예배드립니다"라고 하면서 이의를 제기하는 자칭 그리스도인이 있습니다. 그들은 하나님의 예배를 하나의 공식처럼 믿는 것 같습니다. 그들은 예수님의 이름을 말하는 것을 무슨 주문이라도 외우는 것처럼 생각합니다.

그러나 성령님의 도우심으로 성경을 한번 면밀히 연구해 보십시오. 그러면 예수님의 본질과 예수님의 이름은 하나라는 사실을 발견할 것입니다. 예수님의 이름을 정확히 부르는 것만으로는 충분치 않습니다. 만일 우리가 본질상 그분과 닮아 간다면, 그분의 뜻에 따라 구할 수 있는 자리에 이른다면, 그분은 우리가 소원하고 필요로 하는 선한 것을 모두 우리에게 주실 것입니다.

우리는 이름으로만 예배드리지 않습니다. 위로부터 거듭난 결과로 하나님을 예배하는 것입니다. 우리가 거듭날 때 하나님은 우리에게 예수님의 이름 이상을 주셨습니다. 우리에게 변화된 본성을 주셨습니다. 베드로는 그 진리를 이런 식으로 표현했습니다.

> "이로써 그 보배롭고 지극히 큰 약속을 우리에게 주사
> 이 약속으로 말미암아
> 너희가 정욕 때문에 세상에서 썩어질 것을 피하여
> 신성한 성품에
> 참여하는 자가 되게 하려 하셨느니라"(벧후 1:4).

하나님을 기쁘시게 하는 예배와 관련해 왜 우리 자신을 속이려 합니까? 예를 들어 제가 하루 종일 세상적이요 육적인 떠돌이로 살다가 한밤중에 위기에 빠졌다고 합시다. 제가 과연 거룩하신 하나님께 기도드릴 수 있을까요? 영과 진리로 예배하라고 말씀하신 하나님께 뭐라고 말씀드릴까요? 예수님 이름은 마법과 같다고 믿으며 그냥 무릎 꿇고 그분의 이름을 부를까요?

만일 제가 여전히 세속적이요 육적인 방랑자라면 저는 틀림없이 낙심하고 환멸을 느낄 것입니다. 만일 제가 그분의 이름과 본성이 의미하는 대로 살지 못한다면, 저는 그분의 이름으로 떳떳하게 기도드릴 수도 없고, 그 본성 안에서 바로 기도할 수도 없습니다.

이런 악한 요소가 훈련되지 않고, 고쳐지지 않고, 정화되지 않고, 정결해지지 않은 채 우리 본성에 그대로 남아 있다면 어떻게 하나님께 열납될 만한 예배를 드릴 수 있겠습니까? 가령 그 본성에 악한 요소를 남기고 마음의 다른 영역으로 하나님이 반쯤 열납하실 만한 예배를 드릴 수도 있다고 가정해 봅시다. 그렇지만 어떻게 그런 식으로 계속 살아갈 수 있겠습니까?

하나님은 우리에게 "나는 네 생각 속에 거하고 싶다. 네 생각을 내가 거할 수 있는 성소로 만들라"라고 지금까지 말씀해 오셨으며 지금도 말씀하고 계십니다.

우리는 통렬하게 죄를 깨닫고 회개하기 위해 죄를 먼저 저지를 필요가 없습니다. 나쁜 생각으로 인해 오히려 하나님과의 사귐을 잃어버릴 수 있으며, 그분이 임재하신다는 강한 의식을 잃어버릴 수도 있고, 영적 승리의 복을 상실할 수도 있습니다.

저는 그동안 하나님은 심술궂고 타락한 생각 속에는 거하시지 않는다는 사실을 발견했습니다. 그분은 정욕적이며 탐욕적인 생각 속에는 거하시지 않습니다. 교만하고 이기적인 생각 속에도 거하시지 않습니다. 하나님은 우리의 생각을 그분이 거하실 수 있는 성소로 만들라고 말씀하십니다. 그분은 우리의 순전하고 사랑스러운 생각, 우리의 온유하며 자비롭고 친절한 생각을 소중히 여기십니다. 이런 생각이 바로 하나님의 생각과 같은 생각이기 때문입니다.

하나님이 우리의 생각 속에 거하실 때 우리는 하나님을 예배하게 되고 하나님은 그 예배를 받으십니다. 그분은 우리가 분주한 가운데 일하며 일상을 돌볼 때에도 우리가 가진 그 높은 뜻의 향기를 흠향하십니다.

만일 우리의 뜻이 전 존재로 하나님을 예배하는 것임을 하나님이 아신다면, 하나님이 우리를 도우실 것입니다. 하나님이 그렇게 약속하셨습니다. 그분은 사랑과 은혜, 약속들과 대속, 끊임없는 도움과 성령님의 임재로 우리를 도우십니다.

우리가 할 일은 결단과 구도, 순종, 그리고 믿는 것입니다. 우리의 가슴은 하나님과 끊이지 않고 계속 사귀며 영적인 교감을 나누는 하나의 밀실이요 성전이요 신전이 될 것이며 우리가 거기서 드리는 예배는 매 순간 하나님께 올라갈 것입니다.

   찰스 스펄전의 가장 위대한 설교 중 두 편은 "침묵 속에 계신 하나님"과 "폭풍 속에 계신 하나님"입니다. 하나님을 아는 가슴은 어느 곳에서나 하나님을 발견할 수 있습니다. 스펄전은 하나님의 영으로 채워진 사람, 하나님을 정말 인격적으로 만난 사람은 생활의 침묵 속에서든 생활의 폭풍 속에서든 그분을 예배하는 즐거움이 무엇인지 알 수 있다고 말했습니다. 저는 그 진리에 동의합니다. 그 점에 대해서는 정말 논쟁의 여지가 없습니다. 우리는 하나님이 우리가 어떤 자가 되기를 원하시는지 알고 있습니다. 그분은 우리가 진짜 예배자가 되기를 원하십니다!

사명선언문

너희가 흠이 없고 순전하여……세상에서 그들 가운데 빛들로
나타내며 생명의 말씀을 밝혀 _ 빌 2:15-16

1. 생명을 담겠습니다
만드는 책에 주님 주신 생명을 담겠습니다.
그 책으로 복음을 선포하겠습니다.

2. 말씀을 밝히겠습니다
생명의 근본은 말씀입니다.
말씀을 밝혀 성도와 교회의 성장을 돕겠습니다.

3. 빛이 되겠습니다
시대와 영혼의 어두움을 밝혀 주님 앞으로 이끄는
빛이 되는 책을 만들겠습니다.

4. 순전히 행하겠습니다
책을 만들고 전하는 일과 경영하는 일에 부끄러움이 없는
정직함으로 행하겠습니다.

5. 끝까지 전파하겠습니다
모든 사람에게, 땅 끝까지, 주님 오시는 그날까지
복음을 전하는 사명을 다하겠습니다.

서점 안내

광화문점	서울시 종로구 새문안로 69 구세군회관 1층 02)737-2288 / 02)737-4623(F)
강남점	서울시 서초구 신반포로 177 반포쇼핑타운 3동 2층 02)595-1211 / 02)595-3549(F)
구로점	서울시 동작구 시흥대로 602, 3층 302호 02)858-8744 / 02)838-0653(F)
노원점	서울시 노원구 동일로 1366 삼봉빌딩 지하 1층 02)938-7979 / 02)3391-6169(F)
일산점	경기도 고양시 일산서구 중앙로 1391 레이크타운 지하 1층 031)916-8787 / 031)916-8788(F)
의정부점	경기도 의정부시 청사로47번길 12 성산타워 3층 031)845-0600 / 031)852-6930(F)
인터넷서점	www.lifebook.co.kr